武汉城市圈
空间经济差距研究：
基于制造业集聚的视角

曾光 李菲 著

本书获湖北省社会科学基金资助（编号：2013080）

科学出版社

内 容 简 介

本书以实证研究为主，从制造业空间集聚的视角，对进入 21 世纪以来武汉城市圈空间经济差距进行详细研究。运用传统新古典收敛性理论，分别从人均 GDP、城镇居民人均可支配收入、农村居民人均年纯收入等指标，考察城市圈各城市间经济增长和收入的差异，并对是否存在收敛性、"地区差异变动悖论"、倒 U 形假说等进行检验；通过 EG 指数、SP指数以及制造业中心值等指标，对城市圈制造业 18 个两位数细分行业的空间分布进行考察；从武汉城市圈各地区交通运输条件、劳动力成本等 7个方面，对影响武汉城市圈制造业空间分布的因素进行实证分析；在分别考察武汉城市圈地区经济增长差距、制造业空间集聚程度差异的基础上，通过构建面板数据模型，对制造业空间集聚与地区经济增长差距之间的关系进行考察，并提出相关的政策建议。

本书适合城市经济、区域经济以及经济管理专业的科研人员、相关政府部门的工作人员及高等院校相关专业师生阅读、参考。

图书在版编目（CIP）数据

武汉城市圈空间经济差距研究：基于制造业集聚的视角/曾光，李菲著. —北京：科学出版社，2016.5

　　ISBN 978-7-03-048383-6

　　Ⅰ. ①武⋯　Ⅱ. ①曾⋯②李⋯　Ⅲ. ①区域经济发展–研究–武汉市　Ⅳ. ①F127.631

中国版本图书馆 CIP 数据核字（2016）第 114851 号

责任编辑：林　剑／责任校对：彭　涛
责任印制：徐晓晨／封面设计：耕者工作室

科 学 出 版 社 出版

北京东黄城根北街 16 号
邮政编码：100717
http://www.sciencep.com

北京京华虎彩印刷有限公司 印刷
科学出版社发行　各地新华书店经销

*

2016 年 5 月第　一　版　　开本：720×1000　B5
2016 年 5 月第一次印刷　　印张：10 1/8
字数：220 000
定价：88.00 元
（如有印装质量问题，我社负责调换）

前　言

随着以武汉市为核心的武汉城市圈2007年被国务院批准为"两型社会"建设综合配套改革试验区以来，武汉城市圈正成为继珠江三角洲、长江三角洲、环渤海经济圈后，中国快速发展的第4个经济增长极。武汉城市圈中的9个城市相互联系起来，构成一个经济发展圈，形成优势互补、资源共享、市场共通、利益共有的一体化格局，成为中部地区人口、产业、城市高度密集的地区。但是，自21世纪以来，在武汉城市圈整体经济取得巨大成就的同时，其内部各城市之间的经济增长速度也存在着一定的差异。因此，加强对城市圈各城市间经济增长差距的研究，并探讨其差距产生的原因，就显得十分重要。

就现有研究成果来看，对武汉城市圈各城市间经济增长差距进行研究的文献很少，而从制造业集聚的视角，探讨形成这种经济增长差距内在机制的文献几乎没有。正是基于这种研究现状，本书首先从新古典经济增长理论的收敛性出发，对武汉城市圈各城市间经济增长差距进行全方位的实证分析。在此基础上，运用新经济地理学中产业集聚等相关理论和方法，对造成这种经济增长差距的原因进行研究。

第一，考察武汉城市圈9个城市2000~2013年经济增长（采用人均GDP指标）与人均收入（采用城镇居民人均可支配收入和农民人均年纯收入两项指标）的绝对差距与相对差距的变化及发展趋势，并验证该城市圈人均收入是否通过倒U形假说的检验。

第二，采用新古典经济增长中的收敛性假说，根据武汉城市圈经济增长的实际，对传统的经济增长收敛性检验模型进行改进，重新构建收敛性模型，考察武汉城市圈9个城市间的经济增长（收入变化）的收敛性。通过实证分析，对该城市圈经济增长过程中是否存在δ–收敛、β–收敛进行检验。

第三，考察武汉城市圈18个制造业两位数细分行业空间分布的基本情况。首先构建反映制造业空间分布的变形EG指数、SP指数、制造业中心值指数等相关指标，对该城市圈制造业的空间集聚程度进行度量。在此基础上，分别从行业专业化和地区专业化的角度对制造业的空间分布进行全方位的研究。

第四，在对武汉城市圈制造业空间集聚状况进行详细实证考察的基础上，分别以古典经济理论、新古典经济理论、制度经济学、新经济地理学等相关理论为支撑，从城市圈各地区交通运输条件、劳动力成本、市场潜能、制造业企业规模、地方保护主义、经济开放度以及城市化率 7 个方面，对影响武汉城市圈制造业空间分布的因素进行实证分析。

第五，在分别考察武汉城市圈地区经济增长差距、制造业空间集聚程度差异的基础上，通过构建面板数据模型，对制造业空间集聚与地区经济增长差距之间的关系进行考察，并提出相关的政策建议。

曾　光

2015 年 12 月

目　录

第1章
导　　论

1.1　问题的提出及研究意义

地区经济差距一直以来都是发展经济学和经济增长理论所讨论的热点问题，同时，也是各国（地区）政策制定者所普遍关注的重要现实问题之一。正因为如此，强大的理论和现实需求使得对地区差距问题的研究成为学术界热门的研究领域，众多学者分别从经济学、地理学、社会学、政治学等学科以及交叉学科的角度，对该问题进行了大量的探讨，也取得了丰硕的成果。

但是，通过对现有的有关城市圈地区经济差距相关研究文献的简单梳理，发现大多数学者都是基于传统的新古典增长理论的分析框架，从要素禀赋、经济结构、政策因素和技术水平差距等方面予以解释，对地区经济差距的长期动态演变趋势及其成因进行研究。尽管新古典增长理论有着完美的理论分析框架和精确的计量分析模型，但该理论也存在着理论假说过于简单、将技术进步暗箱化处理等致命的缺陷，因此采用该分析框架对地区经济差距进行分析，无法对经济活动的空间集聚和经济增长不平衡的空间分布等典型事实作出合理的解释，而只是得出不同经济发展水平的地区间最终会趋于收敛的结论。然而，现有众多的实证研究表明，这种地区间的绝对收敛并不存在，相反，很多实证研究表明各地区间经济增长具有扩大的趋势。因此，新古典经济理论的这一与现实相悖的先天缺陷，使得许多研究并没有找到经济集聚和地区经济差距之间的真正相互影响机制。

而且，新古典增长理论为人诟病的缺陷，就是无法解释其模型的生产函数中代表技术进步 A 的内部机制，而且其微观基础建立在规模报酬不变的假定基础上，使其无法解释产业在空间集聚的事实。正是因为这些缺陷，该理论无法找到地区差距扩大的真正机制，也就无法提出令人信服的政策建议。

建立在规模报酬不变且完全竞争范式下的新古典框架不仅不能解释城市圈

中各地区经济增长率不同这一现象，而且更无法解释大规模经济和产业集聚的现实。要对上述事实进行解释，就需要求助于生产活动的规模报酬递增，而生产中的规模报酬递增和运输成本之间的权衡是理解经济活动空间分布的关键。20 世纪 90 年代开始兴起的新经济地理学（new economic geography）正是以规模报酬递增和不完全竞争为前提，通过对人口和经济活动的集聚、工业区和农业区的差距、城市的形成以及城市化、产业集聚等的研究来解释一个地区经济增长的动因及机制。所以，新经济地理学为分析经济集聚机制以及地区经济增长差距提供了一个全新的分析框架。受此影响，近年来，国际上关于产业集聚决定因素分析的研究正成为热点，而国内研究大多集中于经济集聚宏观机理和集聚的静态效应的分析，缺乏从动态的视角去考察经济集聚与经济增长之间的内在关系。

新经济地理学的相关理论研究表明，宏观经济活动的空间分布是集聚力和分散力共同作用的结果，集聚力主要包括本地市场效应和价格指数效应，而分散力则主要是指企业之间相互竞争而导致的一种离心力。在两个市场规模、资源禀赋等初始条件完全相同的地区，历史的偶然事件或外部冲击使得某一地区形成领先于另一个地区暂时的优势，随着地区间运输成本的不断下降，这一地区暂时的优势将通过累积循环机制而得到逐步的扩大，从而使规模报酬递增以地方化的形式来表现；与此同时，另一个地区的制造业则由于生产要素的不断流出而逐步被转移出去，直到形成"中心（要素流入区）—外围（要素流出区）"的产业空间分布格局。从理论核心来看，新经济地理学区别于其他理论的特征之一，就在于假定本地市场规模是内生的，其动力是以偶然的历史事件通过前向联系和后向联系为向心力的累积循环机制。但是，不可否认，传统的比较优势理论在解释国家或地区产业结构分布上具有一定的合理性，甚至可以说，某些制成品的生产必须是以当地特殊资源作为原材料投入品，而不可被其他生产要素替代。因此，外生的资源禀赋、地理位置是第一性的决定因素，而具自组织功能的、后天形成的集聚能力是第二性的决定因素。就如 Ellison 和 Glaeser（1997）所说："区域集中本身并不意味着存在着人口过剩，天然的优势有着相似的影响，而且在实际上很重要。"

因此，本书在加强从宏观经济视角对武汉城市圈经济增长差距进行研究的同时，也将延续对经济集聚（主要是从制造业集聚的视角）微观机制的研究，对产业集聚的经济效应，即经济集聚对于地区经济增长和收入差距的影响进行实证分析。从竞争者的角度，地区收入差距变动模式无非是作为原因的各地区经济增长速度的"β-收敛（发散）"。所以，要考察经济集聚对于地区收入差距的影响，只有将其放在一个动态增长的框架下才能更好地探寻到其内在的决定机制。

正因为如此，本书将借助新经济地理学和新增长理论的相关理论和实证分析方法的新进展，重点从实证的角度探讨武汉城市圈制造业（两位数细分行业）集聚与地区经济增长差距之间内在的关系，解释城市圈地区间经济增长差距的机制及演变模式，等等。

本书的写作意义可以从理论、方法和实证三个方面予以说明。

首先，在理论上，以新古典经济理论的收敛性为理论基础，从宏观层面上对武汉城市圈各地区经济增长差距进行研究；并以新经济地理学中产业集聚理论为支撑，从微观层面上研究制造业集聚与经济增长差距之间的内在关系。宏观和微观相结合，新古典经济理论和新经济地理学相结合，从城市圈的角度对城市间经济增长差距进行研究，是本书在理论上的一大特色，也拓展了城市圈经济差距研究的范畴。

其次，在方法运用上，分别以新古典经济理论和新经济地理学的相关内容为基础，对武汉城市圈经济的空间差距和制造业空间集聚状况进行研究，进而结合城市圈经济和制造业发展的实际，加入影响城市圈经济发展和制造业集聚的因素，构建新的从制造业集聚视角分析城市圈经济增长差距的模型，极大地丰富了这一研究领域的相关内容。

最后，在实证研究中，首次运用新古典经济增长理论对武汉城市圈经济增长的差距（分别从人均 GDP、城镇居民人均可支配收入和农民人均年纯收入等 3 个角度）进行收敛性研究；并以新经济地理学中产业集聚的相关内容，对武汉城市圈制造业两位数细分的 18 个行业的空间分布情况进行详细的考察。在此基础上，构建新的基于制造业空间分布视角的武汉城市圈经济增长差距的实证模型，为分析武汉城市圈制造业空间分布、经济增长差距、制定相关政策提供了理论支撑。

1.2 研究目标和主要内容

1.2.1 研究目标

本书通过大量的数据分析，首先运用新古典经济增长理论中收敛性的相关内容，对进入 21 世纪以来武汉城市圈地区经济增长差距（分别从 GDP 增长、城镇居民人均可支配收入和农民人均年纯收入等指标）进行度量，然后基于制造业集聚的视角，在对该城市圈制造业空间分布度量的基础上，对造成地区经济增长差距与制造业空间分布不平衡之间的关系进行分析，并使城市圈制造业要素的空间有效配置，从而为政府制定发挥比较优势、缩小空间差距、加快一体化进程等政策提供理论上的支持。具体来说，本书力图阐述如下几个方面的问题。

（1）考察武汉城市圈9个城市2000～2013年各地区经济增长（采用人均GDP指标）与人均收入（采用城镇居民人均可支配收入和农民人均年纯收入两项指标）绝对差距与相对差距的变化及发展趋势，并验证该城市圈人均收入与地区经济增长之间是否通过倒U形假说的检验。

（2）采用新古典经济增长中的收敛性假说，根据武汉城市圈经济增长的实际，对传统的经济增长收敛性检验模型进行改进，考察武汉城市圈9个城市间的经济增长（收入变化）的收敛性。通过实证分析，对该城市圈经济增长过程中是否存在δ-收敛、β-收敛进行检验。

（3）考察武汉城市圈18个制造业两位数细分行业空间分布的基本情况，构建反映制造业空间分布的空间基尼系数、变异系数、EG指数、SP指数、制造业中心值指数等相关指标，对该城市圈制造业的空间集聚程度进行度量。在此基础上，分别从行业专业化和地区专业化的角度对制造业的空间分布进行全方位的研究，以期对武汉城市圈制造业的空间分布特征有一个全面的分析。

（4）在对武汉城市圈制造业空间集聚状况进行详细实证考察的基础上，分别以古典经济理论、新古典经济理论、新经济地理学等相关理论为支撑，从城市圈各城市交通条件、劳动力成本、市场潜能、企业规模、地方保护主义、经济开放度以及城市化率7个方面，对影响武汉城市圈制造业空间分布的因素进行实证分析。

（5）在分别考察武汉城市圈地区经济增长差距、制造业空间集聚程度差异的基础上，通过构建面板数据模型，对制造业空间集聚与地区经济增长差距之间的关系进行考察，并提出相关的政策建议。

1.2.2　主要内容

本书共分为8章，主要内容包括以下几个方面：

第1章是导论，主要论述本书提出的渊源及研究意义，介绍本书的研究目标和主要研究内容，对国内外相关的研究文献进行简要的回顾，阐述相关研究方法以及研究的技术路线，对研究方法和数据的来源及处理进行介绍，并就可能的创新点与不足之处进行讨论。

第 2 章是相关理论基础，分别从新古典经济增长理论的收敛性和新经济地理学中产业集聚两个角度，对相关的理论进行简要的介绍和梳理，并对地区经济差距与产业集聚之间关系的内容进行阐述。

第 3 章，对武汉城市圈各地区间的地缘经济关系进行测度和评价，首先分析地缘经济关系的内涵，并采用多元统计分析中欧氏距离的分析方法，设计一个地缘经济关系测度体系，进而对武汉城市圈 9 个城市间的地缘经济关系进行测定，并根据实证测度结果提出了相关的政策建议。

第 4 章，对武汉城市圈地区经济差距的空间特征进行详细的实证分析。在这一章中，首先介绍研究地区经济增长差距的测度方法和数据来源及处理。然后分别从产出指标（人均 GDP）和收入指标（城镇居民人均可支配收入和农民人均年纯收入）两个角度，对 21 世纪以来武汉城市圈经济增长（收入）差距的演变过程，运用宏观数据进行详细的分析。在此基础上，结合该城市圈经济增长的实际情况，分别从 δ-收敛、绝对 β-收敛和条件 β-收敛等角度，对武汉城市圈各地区经济增长（收入）的收敛性进行实证检验。

第 5 章，对武汉城市圈制造业的空间集聚特征进行描述。本章首先对产业集聚空间分布的现有文献进行一个简要的回顾，接着对产业集聚的测度方法进行介绍，并根据武汉城市圈制造业发展的实际情况，构建武汉城市圈制造业集聚的测度模型，并对本章中数据的来源及处理方法进行介绍。最后，对武汉城市圈制造业空间集聚进行测度，并分别从行业专业化和地区专业化等多角度，对该城市圈制造业的空间集聚进行详细的考察。

第 6 章，对影响武汉城市圈制造业集聚和空间分布的因素进行分析。本章首先对国内外影响制造业空间集聚的文献进行简要的综述，并根据武汉城市圈制造业聚集的特点，筛选城市圈各地区交通条件、劳动力成本、市场潜能、企业规模、地方保护主义、经济开放度以及城市化率 7 个变量，对各变量进行测度，构建影响制造业空间集聚的实证模型，并实证分析这些因素对城市圈制造业空间集聚分布的影响，并提出相关的政策建议。

第 7 章，对武汉城市圈各地区间经济增长差距与制造业的空间集聚差异之间的关系进行研究。该章首先对国内外产业集聚与经济增长之间关系研究的现有文献进行一个简要的回顾。在对数据的选取和处理、变量的选择进行介绍的基础上，构建面板数据模型，对武汉城市圈各地区经济增长差距与制造业空间集聚之间的关系进行实证分析。

第 8 章，对整个研究报告的结论进行简要的总结，并提出本书未来的研究方向。

本书的研究内容和基本框架如图 1-1 所示。

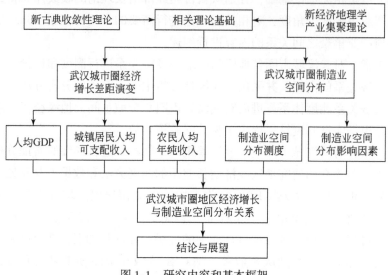

图 1-1　研究内容和基本框架

1.3　国内外研究文献回顾

1.3.1　地区经济差距

根据现有对地区经济差距进行度量的文献研究内容的差异，所选取的指标差别较大，主要包括人均 GDP、城镇居民人均可支配收入、农民人均年纯收入、人均消费水平等。而运用这些指标，运用宏观统计数据进行研究所采用的方法大体沿着两个方向发展：一方面，利用反映地区经济差距的不平等指标及其分解，描述地区经济差距的变化趋势和结构构成；另一方面，实证检验新古典经济增长理论的收敛性假说，考察其是否成立，同时提出各种说明收敛性假说成立（不成立）的解释变量，探讨实现收敛的条件。

对于地区经济差距进行描述和分解的指标主要有基尼系数、变异系数等，这些指标在描述地区经济差距中的一个突出的特点在于，在一定的条件下，可以对地区经济差距的构成进行分解。例如，用基尼系数和变异系数表征的总体经济差距，可以分解成相互排斥的不同分项的差距之和。

正是基于基尼系数和变异系数的上述特点，现有很多研究都采用这些指标，利用其分解找出地区差距的结构性原因。如范剑勇（2008）就采用这种分解方法，对 1978～1999 年中国地区差距按东、中、西部三大区域进行分解。

结果发现，地区之间的差距在总差距中占主导地位，而且地区之间的差距在总差距中所占的比例随着时间的推移呈上升趋势，而地区内部各省份之间的差距则在缩小；同样的，林毅夫等（1998）按地区对人均 GDP 基尼系数进行分解，也得出基本相同的结论。采用同样方法进行研究的，还有 Kanbur 和 Zhang（2005）、魏后凯（1997）等。

进一步地，通过基尼系数的分解还可以研究基尼系数动态变化的原因，如万广华（1998）把基尼系数的变化分解为"集中效应"和"结构性效应"，并对中国农民收入差距进行研究。研究结果发现，农村内部地区差距扩大主要是结构性效应造成的，也就是主要是由工资收入份额的变化引起的，而工资收入份额的变化又主要是农村非就业机会的地区间不平衡造成的。

自索洛突破哈罗德–多马模型中资本产出比不变的假设，建立新古典经济的长期经济增长模型后的相当长的时期内，大批的经济学家都在其模型的基础上，研究蕴含在其中的经济增长收敛性特征。但是，与理论上对收敛性的研究相比，收敛性的实证研究，只是从 20 世纪 80 年代中后期才开始的，但是其发展的势头相当迅猛。

真正开始从实证的角度探讨收敛性问题的是鲍默尔（Baumol，1986），其在《生产增长，收敛和福利：长期数据显示了什么》一文中，分析了 7 个工业国家 1870～1973 年的 GDP 数据，实证分析这些国家的生产率情况，发现其相互之间的水平越来越接近。同时，在该文献中，作者还收集整理了 16 个经济合作与发展组织（OECD）工业化国家 1870～1979 年的经济增长率与起始时期（1870 年）的人均收入数据，并采用 Maddicon 方法加以回归研究，认为：增长率与初始产出水平之间有较高的相关性，1870 年的生产力水平越高的国家，在接下来的时间里增长越慢，即存在后进国家向先进国家的收敛，且收敛的速度在逐步加快。作者分析前人的资料后还认为，除了自由市场国家之间存在收敛现象外，收敛现象还在向转型和中央计划经济国家延伸，而最穷的、最不发达的国家则没有发生类似的情况。针对这种现象，作者认为一个合理的解释便是富国在增长的同时向穷国溢出（至少在工业化国家是如此），国际贸易、技术交流等使得先进技术成为国际性公共物品。每一个增加生产力效果的成果在每一个发达国家出现，欠发达国家似乎可以分享这种程序，国与国之间的竞争与模仿导致了"熊彼得竞赛"（Schumpeterian race），于是后进国家充分发挥后进优势，模仿与赶超，导致后进国家向领先者收敛。同期 Abramovitz（1986）的研究也得出同样的结论。

对于鲍默尔的研究结果，很多学者是持异议的。其主要疑问集中在模型中实证样本时间的跨度太长，一些发达国家在此期间已经沦为不发达国家，还有就是实证检验误差太大，对 1870 年有些国家的人均收入的估计是不可能精确等方面。随着对实际情况研究的深入，学者尽管在理论上对新古典框架内增长的收敛性比较认同，但是对于该理论在现实中是否实用，是否会出现资本边际报酬递减导致的收敛机制，却出现广泛的论争。

随着新经济增长理论的快速崛起，该理论流派对新古典经济的收敛性假设提出全面的质疑。面对新经济增长理论对收敛性理论和实证的怀疑，新古典理论的拥护者在收敛的模型构建和技术环节上都进行了改进和发展。巴罗和萨拉-伊-马丁（Barro and Sala-I-Martin，1992）利用新古典模型作为基本框架，对美国 48 个州的经济增长进行研究，其实证结果表明，1880～1992 年，人均收入的离差总体趋势是不断下降的，即表现出 δ-收敛。同时，1950～1990 年，24 个 OECD 组织成员经济表现出比较明显的 δ-收敛。而如果将样本扩大，则1960～1990 年，世界上 110 个国家的人均 GDP 标准差从 1960 年的 0.89 单调上升到 1990 年的 1.12，表现出明显的 δ-分散，收入差距不断扩大。同时，巴罗和萨拉-伊-马丁对美国 48 个州的收敛性研究还表明，在美国国家内部也存在 β-收敛：1880～1990 年美国 48 个州的人均个人收入存在明显的绝对收敛和条件收敛，年均收敛速度约为 2%，或者说各州收入差距是以每年 2% 左右的速度在缩小。他们对日本的研究也表明，1930～1990 年日本 47 个县的个人收入存在 β-收敛趋势，年均收敛速度约为 2.7%。

Mankiw 等（1992）（其用来分析收敛性的方法，即著名的 MRW 分析框架）意识到诸如各国具有同样消费偏好与技术，从而导致相同均衡状态这类假设的局限性，重新解读了新古典经济增长理论。他们构建了 MRW 模型，该模型通过引入人力资本，用物质资本投资、人力资本投资、人口增长率等 3 个变量建立了一个扩展的计量模型，证明了新古典增长模型的有效性。他们认为人力资本减缓了物质资本的边际收益递减速度，尽管收敛速度比传统的索洛模型所预示的要慢，但是证实了收敛性的存在。同时，该模型认为其蕴涵的仅仅是条件收敛思想而非绝对收敛思想——各国在长期发展中有着向自身均衡状态收敛的态势，而非向着同一均衡状态收敛。

而里贝罗（Rebelo，1991）认为，体现新古典思想的收敛现象在世界经济中并不是普遍存在的。同时，他强调内生增长理论的兴起，主张从内生增长的角度去考察经济增长。

20 世纪 90 年代，随着新经济增长理论的兴起，特别是该理论对新古典经济增长理论基本假定的质疑，学界对收敛性的研究进入一个全新的阶段。

以罗默（Romer）和卢卡斯（Lucas）为代表的新增长理论，对收敛性提出质疑。他们认为随着时间的推移，不同的经济体之间的经济增长不仅不会收敛，反而随着经济的发展，发散的趋势将不断增大。该理论发展了内生经济增长理论的 AK 模型，其重要的性质就是不存在资本的递减收益，而这就从根本上动摇了新古典经济理论中收敛性理论的基石。新增长理论认为经济增长不是外部力量（如外生技术变化），而是经济系统内部力量（如内生技术变化）作用的结果，重视知识外溢、人力资本投资、开发与研究、收益递增、劳动分工和专业化、干中学等新问题的研究。其中某些要素，如人力资本存量、知识存量等对经济增长率起着决定性作用。知识、人力资本的递增收益可以抵消物质资本的边际生产力递减，从而导致拥有更多知识和人力资本存量的富裕经济体和贫困经济体之间的差距不会缩小，而是贫者越贫，富者越富，这便从根本上否定了新古典模型的收敛性结论。

正是对收敛性的质疑，导致这一过程中该理论出现了很多新的发展。例如，发现存在多重问题均衡增长路径，因此认为结构相同的国家也不一定收敛于同一稳定均衡增长，其增长后果最后部分决定于初始状态。贝拉德和德劳弗（Bernard and Durlauf，1995）走出单个代表性经济回归分析经验研究，而选择对一小部分有选择性的经济作短时间序列分析，这是对收敛性实证研究的一个重要转向，而这种思想源于俱乐部收敛假说。奎阿（Quah，1996）沿着这条道路，在总结前人分析的基础上，就国际收入分配的动态变化研究增长和收敛。他利用概率测度的极限分布描述收入变化的长期趋势，即典型的奎阿双峰收敛。奎阿将国际收入水平分布格局看作类似于某种概率分布的格局向双峰收敛的分布格局演化，即世界分化为贫穷与富裕。他所考察的是世界整体概念，具体到单个国家（或地区）则相当复杂，可以看到由富到衰或逐步强盛的例子。在国际收入的动态极化过程中，中等收入水平会消失，收入水平向高收入水平或低收入水平收敛，即出现双峰收敛。奎阿研究的目的，是强调对各国经济增长的截面数据的集中分析，或在判别分析处理的基础上正确地展开对增长收敛假设的经验分析，从世界范围内考察收入分配的动态变化。

而国内对收敛性这一问题的研究，是从 20 世纪 90 年代中后期开始兴起的，其研究领域主要集中在中国的区域间的差距（主要是中国的东、中、西部的差距）的收敛性问题。

Chen 和 Fleisher（1996）采用部门面板（panel section）数据分析中国各省的人均 GDP 后认为，1952 ~ 1978 年，中国省际人均产出呈现发散状况，而在就业人口增长率、人力资本投资、物质资本投资、外国直接投资和地理区位（是否沿海）的作用下，1978 ~ 1993 年呈现出条件收敛的趋势，年收敛速度达到 5.6% ~ 5.7%。

魏后凯（1997）较全面地研究了中国经济增长的收敛性，他沿用 Barro 和 Sala-I-Martin 分析方法计算了自 1978 年以来各地区省份产出差距收敛和部门产出差距收敛，认为中国各地区 GDP 差距大约以每年 2% 的速度收敛。但从发展阶段来看，1978～1985 年各地区人均 GDP 的收敛速度相对较快，而 1985～1995 年则不存在显著的收敛性。

蔡昉和都阳（2000）从经验上考察了中国地区经济增长，结果发现存在着俱乐部收敛及条件收敛的现象：东部地区内部和中部地区内部都呈现出显著的俱乐部收敛趋势，全国和西部地区没有显示出统计上显著的收敛趋势，但把中西部地区合并起来考察，显著性有所提高。这就意味着在中西部地区存在着一系列不利于向东部发达地区收敛的因素，如人力资本禀赋短缺、市场扭曲和开放程度不足等。通过对中国地区经济增长的收敛与发散的分析，文章指出西部大开发战略要想取得成效，需要选择恰当的投资领域，使得西部地区获得经济增长速度的收敛。林毅夫等（1998）还得出结论，1978 年以后在省、自治区、直辖市之间不存在绝对收敛，但存在着条件收敛的现象。

但罗仁福等（2002）的研究则得出中国经济不存在绝对收敛，但存在着条件收敛的结论，文献计算出中国经济条件收敛的速度约为 4.5%，东部沿海地区大部分省份已经达到或接近其稳定状态，而中西部地区则主要表现为一种在其均衡值附近波动的特征。同时，胡鞍钢（1995）和邹平（1996）的研究也表明，省、自治区、直辖市之间人均 GDP 在 20 世纪 80 年代表现出 β 收敛趋势，而 20 世纪 90 年代以后却趋于发散。1978～1985 年的收敛速度约为 1.46%，1985～1990 年的约为 0.42%，而 1990～1994 年的 β 值变为负值，以 -1.2% 的收敛速度趋于发散，1978～1994 年总的收敛速度为 0.82%。李翔（1998）也认为，1978～1996 年总体上表现出 β 收敛，但在不同阶段表现出差异性，1978～1985 年 β 收敛趋势极为明显，年收敛速度约为 2.3%，而 1985 年以后，收敛性显著下降，1985～1990 年收敛速度降为 1%，1990～1996 年则趋于发散。

刘强（2001）认为中国地区间经济增长的收敛性不仅存在着明显的阶段性和区域性，而且不同地区间的产出差距与宏观经济的波动状态存在着严格的正向关系。该研究表明，中国经济增长的收敛存在着整体减弱、局部加强的特征，表现为东中西三大区域内经济增长的收敛在各个时段上始终存在，而南北地区的收敛基本不存在，不同地区的产出差距与宏观经济的波动状态存在着正相关关系。同时，认为新古典的经济增长收敛机制在中国并没有起作用，主要的原因是中国大规模的劳动力转移使得资本劳动比率并没有出现相应的变化趋势，并认为中国近年来大规模的劳动力区际转移，既是中国阶段性经济增长收敛机制的重要诱发因素，事实上也是对区域差距扩大的一种解决方法。关于劳动力流动对收敛性的影响，蔡昉等（2001）也指出，劳动力市场扭曲程度也是影响中国地区间经济增长条件收敛的因素。

针对国内学者对收敛性研究方法和结论的差异，王志刚（2004）在总结了国内学者研究的基础上，主要采用横截面模型和面板模型，从条件收敛的角度入手，质疑了大多数学者认为中国存在条件收敛的结论。王志刚在没有考虑劳动力流动的情况下（当然了，作者的这一"有意无意"的"疏漏"，其实也就从基本条件上造成其自身研究的缺陷），考察中国不同地区的收入差异，通过对新增长理论的基本假设的验证，认为中国经济总的来说不存在条件收敛；并通过对比横截面数据模型和面板数据模型，得出如下结论：中国地区间的收入差异在不断扩大。并分析导致这种差异扩大，可能是由中国目前所处的阶段所决定的，但是如果出现"贫困陷阱"，那就需要政府加大对中西部地区的基础设施投入、人力资本投入，充分利用其已有的资源优势，加快产业内部的技术进步等。

综合国内研究经济增长收敛性的文献，就研究对象来看，绝大多数集中在省份（主要是东中西三大区域）之间的层面上，而忽视了研究省份内部的收敛性问题。值得注意的是，近两年来，对这一问题的研究开始引起了研究者的注意。徐现祥和李郇（2004）根据 Lucas 所强调的城市具有的不同于国家、省份区域层面上的经济增长特征，采用收敛分析的标准方法（即采用变异系数和 Theil 指数分析中国城市经济增长的 δ-收敛，采用 Barro 回归方程并引入虚拟变量考察中国城市经济增长的绝对 β-收敛情况），就中国 216 个地级及其以上城市的 δ-收敛、绝对 β-收敛进行分析，得出的结论是：在 20 世纪 90 年代中国城市经济增长中同时存在 δ-收敛和绝对 β-收敛的现象，这个与 Barro 等（2002）在理论上证明的 β-收敛是 δ-收敛的必要但不充分条件，即如果存在 δ-收敛，则一定存在 β-收敛的结论相吻合。在此基础上，进一步探讨了中国城市经济增长的收敛机制，作者采用了 Dowrick 和 Rogers（2002）的分析框架，充分利用其分析框架能够同时考察新古典经济增长理论和新增长理论两种收敛机制的特征的分析框架中引入资本变量，用以直接刻画资本积累在收敛中的作用，而把初始劳均 GDP 解释为技术缺口，从而实现了在一个分析框架内综合考察资本积累和技术转移在收敛中的作用，得出了两大机制在中国城市经济增长收敛中同时存在的结论，并通过具体的计算认为目前在中国城市间，新古典经济增长理论的收敛机制所贡献的收敛速度仍然比技术转移、扩散（即新增长理论所强调的收敛机制）所贡献的速度稍高些。

综上所述，就国内对收敛性的研究成果来看，由于研究的视角不同，所采用的分析方法以及考虑的变量也存在很大的区别，因此对我国经济增长收敛性的经验研究结论不尽相同，有的结论甚至相反。总体上学者们认为，1978～1990年中国区域经济增长存在 δ-收敛格局，而1990年以后不存在 δ-收敛；这期间，中国区域经济增长普遍存在条件收敛趋势，但在收敛速度的测算结果上存在着较大的差异，最低的为0.131%（刘木平和舒元，2000），最高的达到5.7%（Chen and Fleisher，1996），这与发达国家的年均2%的收敛速度相去甚远；对绝对收敛趋势存在与否也存在着差异；而普遍认为区域经济增长的俱乐部收敛现象在中国开始显现，但在分析其产生的原因方面，各种观点之间存在着很大的分歧。

1.3.2　产业集聚与经济增长

产业集聚对地区经济差距的影响，主要是通过产业集聚效应来实现的。产业在特定的地理空间区域内集聚，集聚区内各组成部分之间形成有机的网络关系。高度的专业化与精细的分工、激烈的竞争与紧密的协作是网络关系得以延续并产生竞争力的源泉，产业集聚所带来的集聚效应使集聚区域内的个体获得区域外个体所无法获得的竞争优势，从而促进个体的发展，而这又进一步促进了整个区域的扩展和壮大。总体来看，这些集聚效应主要体现在如下几个方面：节约交易成本、正外部效应、规模经济效应、知识和技术溢出效应、持续创新效应等（刘海波，2004）。

产业集聚与地区经济增长关系问题的研究始于20世纪50年代，佩鲁、缪尔达尔、赫希曼等都曾研究过经济活动集聚和地区经济增长之间的相互作用关系，并提出一系列假说来对之进行解释。但长期以来，由于研究方法等方面的原因，主流经济学对这一领域研究甚少。这种状况一直持续到20世纪90年代，随着以克鲁格曼（Krugman，1991a）等为代表创立的新经济地理学（NEG）的快速崛起，该领域开始成为主流经济学研究的热门领域。

克鲁格曼以马歇尔外部性和规模经济为基础，构建了一个全新的"新贸易模型"，来分析经济活动在空间的分布方式。该模型认为，集聚是运输成本和规模经济两种力量相反作用的结果。如果企业的最优目标是最小化运输成本，则该企业的选址倾向于在距离上游供应商和最终消费者较近的地区；反之，如果该企业的最优目标是实现规模经济，则其选址倾向于集聚，而不会选择分散布局生产地点。所以，运输成本和技术的变化会使得企业重新选址，从而会导致生产活动出现空间集聚的现象。虽然该模型没有直接将集聚与经济增长两者联系起来，但内生经济增长理论的发展却架起了两者之间的桥梁。新经济地理学认为，地理位置上的接近对于企业与企业及其他机构通过垂直或者水平联系获得溢出效应是极为重要的，而根据内生经济增长理论，知识的溢出对经济增长有着显著的正作用。由此看来，经济活动的空间集聚与经济增长之间就必然表现出非常明显的正相关关系。产业集聚可以减少企业间雷同的研发活动、提高企业纵向一体化程度、发挥规模经济等，从而有利于提高企业的劳动生产率，而且由于产业集聚，企业还更容易获得在同一产业中产生的知识溢出效应，也就是更大的马歇尔－阿罗－罗默（Marshall- Arrow- Romer）外部性（Glaeser et al.，1992）。以这一理论为基础，一些学者在不完全竞争、自由进入和消费者倾向多样化的假设下试图将新经济地理模型和内生经济增长模型两者结合起来，解释经济集聚和经济增长两者间的相互影响。另外，还有一些学者进一步探讨了集聚和经济增长的内在机制，尤其注重了对技术的流动性和城市化等因素作用机理的分析。

对集聚与经济增长两者关系的研究，除上述理论方面的研究外，近年来在实证研究方面也取得了较大程度的突破。实证研究的突破点首先集中在对产业集聚的测度上，而产业集聚的测度按照 Duranton 和 Overman（2005）的文献，可以分为三类：

第一代方法是指 1997 年以前所采用的一些测度方法，主要有集中率、赫芬达尔指数、空间基尼系数等方法。该方法从严格意义上来说，还不能称之为真正的产业集聚测度方法，因为这些方法只能测度产业在空间分布的不平均，而产业空间分布不平均并不意味着集聚经济就一定存在。

第二代方法是指 1997 年以后出现的产业集聚程度的测度方法，这一代的测度方法弥补了第一代方法的一些缺陷，如任何关于地域化经济的测度必须基于所有产业是可比的，这个测度必须能够控制制造业集聚的总体趋势，产业集聚的测度要控制产业集中的程度，等等。其中最具有代表性和被应用最广的是 EG 指数。Ellison 和 Glaeser（1997）通过建立利润最大化的区位选择模型，并分别建立自然优势和产业内溢出效应模型，得出总溢出系数，然后构建产业集聚测度的条件期望。在此基础上，推导出了满足 logit 模型的溢出系数，从而得出能够对产业空间集聚程度进行测度的 EG 指数。EG 指数是产业集聚实证研究的一个里程碑，后来的很多研究都是建立在该指数的基础上的。如 Maurel 和 Sedillot（1999）就基于 EG 模型进行改造，对法国的产业集聚进行了测度。

尽管第二代方法相对于第一代研究方法有了很大的改进，但仍然存在较多的缺点。针对这些缺陷，Duranton 和 Overman（2005）采用无参数回归模型分析方法，该方法主要的优点就在于回归函数的形式可以任意设定，放松 EG 指数中回归模型形式的限制。该方法能够评价偏离随机性统计的显著性，避免了与规模和边界有关的问题。该方法尽管偏误较小，但由于计算是基于企业层面的数据且与企业间的距离有关，因此该方法的可操作性较差，尤其是在中国当前企业层面统计数据严重缺失的情况下，该方法的使用更是受到了极大的限制。

几乎与 EG 指数推出同时，Ciccone 和 Hall（1996）首次把集聚对经济增长的影响作为一个专门的领域进行研究。在研究中，他们控制了教育和资本密度变量，结果表明雇佣密度对劳动生产率增长有显著的作用。在此基础上，Ciccone（2002）对欧洲的研究进一步证明了这一结论的稳健性。而在2004 年，Braunerhjelm 和 Borgman 利用瑞典 1975 ~ 1999 年的数据，计算了 EG 指数和基尼系数，结果发现瑞典的服务业和工业都表现出空间集聚。但动态研究显示，工业部门的集聚倾向越来越大，而服务业则相反。此外，该研究还表明，以 EG 指数度量的经济活动空间集聚程度对劳动生产率有显著的正向影响。

除单一产业的集聚外，研究还分析了多元产业集聚的情况。这些研究表明，多元产业集聚可以为经济发展提供更加丰富和多元的知识平台，促进产业间的交流，进而产生知识外部性，提高劳动生产率并促进经济增长。单一产业集聚只是偏重于同一产业内的企业之间的交流，因此，多元产业集聚的外部性要大得多。进一步地，这些文献的研究还表明，多元产业集聚还能够抵御外生冲击对地区经济的影响。

应该说，对中国产业集聚的研究，是进入 21 世纪以后才开始的。现有文献表明，中国的工业空间集聚正处于一个稳定上升的阶段（白重恩等，2004；文玫，2004；范剑勇，2004b）。同时，这些文献还发现，中国的工业集聚呈现出明显的地区差异特征，沿海地区省市成为制造业和高技术含量产业的主要集聚地区，而西部边缘地区的制造业分布则比较零散，地区工业的不断集聚和发展可以提高该地区的经济增长速度，但同时也加剧了区域发展的不平衡（罗勇和曹丽莉，2005）。

总体而言，现有文献忽视了集聚的结构，即便考虑集聚结构的文献也只是从大类产业入手，没有区分中类产业的产业间共同集聚和产业内地理集聚对经济增长的不同贡献。所以，就无法回答在给定的地区，一个企业是更多地从同一产业的企业集聚中获益，还是从不同产业的企业集聚中获益的问题。

1.4　研究方法、数据来源及处理

1.4.1　研究方法

本书主要采用文献检索与实证研究相结合的方法，以实证研究为主。通过文献检索掌握国内外研究的现状，并找出本书的切入点；通过对数据的收集和整理，为实证研究提供资料与数据支撑。

在侧重于理论研究的第 2 章以及后面几章中的理论研究部分，主要采用比较研究的基本方法。通过对新古典经济增长理论和新经济地理学两种理论关于产业集聚不同视角研究的对比，构建新的模型，对武汉城市圈地区经济差距和制造业集聚特征及两者之间的关系进行研究。

在侧重于实证分析的章节中，主要运用计量经济学的方法。通过构建计量模型对地区经济差距现状进行描述，对制造业的空间分布特征进行测度，并对两者之间的内在联系进行实证分析。

在研究手段方面，本书采取理论模型分析和经验研究相结合，并以经验研究为主要手段。在理论分析方面，主要借鉴新经济地理学的一般均衡分析范式，通过构建数学模型来阐述本书的内容。而在经验研究方面，主要运用计量经济学的基本方法，通过构建计量模型来验证理论模型。

同时，本书还运用了大量的计算机软件来辅助研究，运用 Excel 和 Matlab 等软件进行数据处理和图形的绘制，采用了 Eviews 5.0 软件进行计量分析，从而提高了研究的准确性和直观性。

1.4.2　数据来源及处理

本书所涉及的数据和资料范围较广，其来源主要包括三类：

（1）各类文献资料。通过对 ProQuest、Elsevier、Escobo、Spring link、CNKI、维普、中国期刊网、万方数字化期刊等电子期刊或数据库以及超星图书馆、Google 搜索引擎的检索，以及相关图书资料、期刊的查阅获取，为笔者的研究打下文献基础。

（2）各类统计资料。主要参阅如下的统计资料和统计汇编：武汉城市圈 9 个地区 2000～2014 年统计年鉴；湖北省 2000～2014 年统计年鉴；武汉城市圈蓝皮书 2009；武汉城市圈各地区政府网站，等等。

(3) 社会调查资料。笔者利用 2008～2009 年，组织华中农业大学经济学系 2006 级本科生和华中农业大学楚天学院 2006 级本科生，到武汉城市圈各地区的统计局等相关政府部门和部分规模以上企业进行实地调研，得到了大量的资料和数据。同时，在本书的写作过程中，对武汉城市圈多个地区的相关部门、专家进行了大量的访谈、咨询，这些相关数据的收集和整理，是对少数统计资料中不完全数据的有益补充①。

由于国家统计局从 2003 年开始采用新的行业分类，即《国民经济行业分类与代码》（GB/T 4754—2002），并应用于 2002 年的数据统计中，而该标准与之前所采用的行业分类标准（即 GB/T 4754—1994）之间存在一定的差异。同时，从 2012 年又再次使用了新的行业分类，即国民经济行业分类和代码表（GBT 4754—2011）。本书为了保持前后年份行业统计口径上的一致性，将食品加工业和食品制造业合并为食品加工与制造业，通用设备制造业和专用设备制造业合并为机械制造业，橡胶制品业和塑料制品业合并为橡胶塑料制品业。同时，根据武汉城市圈制造业发展的实际情况以及各城市统计年鉴的统计情况，选取了另外 15 个行业，这 15 个行业的分类标准在修订前后基本没有改动，因此在统计口径上不影响对数据的分析。所选取的 18 个行业及代码见表 1-1。

表 1-1　18 个制造业行业及代码

代码	行业	代码	行业
C13-14	食品加工与制造业	C29-30	橡胶塑料制品业
C15	饮料制造业	C31	非金属矿物制品业
C17	纺织业	C32	黑色金属冶炼及压延加工业
C18	纺织服装、鞋、帽制造业	C33	有色金属冶炼及压延加工业
C19	皮革、毛皮、羽绒及其制品业	C34	金属制品业
C22	造纸及纸制品业	C35-36	机械制造业
C23	印刷业和记录媒介的复制	C37	交通运输设备制造业
C26	化学原料及化学制品制造业	C39	电气机械及器材制造业
C27	医药制造业	C40	通信设备、计算机及其他电子设备制造业

---

① 需要说明的是，尽管如此，还是有少数城市的一些数据缺失，对此，本书采取内插法等基本统计方法进行估算。所缺失的数据主要有：咸宁市 2000 年制造业规模以上企业全部从业人员年平均数，2003 年制造业规模以上企业单位数和全部从业人员年平均数；孝感市 2002 年、2003 年规模以上制造企业全部从业人员年平均数；黄石市 2006 年、2007 年规模以上企业单位数；天门市 2013 年规模以上企业全部从业人员年平均数；潜江市 2011 年、2012 年规模以上工业企业、工业总产值等。

本书所涉及的武汉城市圈各地区主要数据包括：各地区 GDP 总量；人均 GDP；城镇居民人均可支配收入；农民人均年纯收入；GDP 总量发展指数；人均 GDP 发展指数；城镇居民人均可支配收入发展指数；农民人均年纯收入发展指数；城乡居民平均年收入；人均实际 GDP 年增长率；地区总人口；地区非农业人口；人口增长率；固定资本年投资总额；地方历年财政总支出；历年公路通车里程；规模以上工业企业总从业人员数；规模以上工业企业总数；1978 年各城市的大学生在校人数；各年份大专以上人口；各年份从业人员总数；从业人员平均受教育年限；外国直接投资总值；第二产业产值；一、二、三产业从业人口数；非国有工业总产值；全部工业总产值；财政总收入；进出口总额；1990 年以来人民币对美元的实际有效汇率水平；全社会消费品零售额总值；城市圈各地区中心城市间的空间距离，等等。

1.5 可能的创新点与不足之处

1.5.1 可能的创新点

本书是建立在充分吸收前人研究成果的基础上的，相对于现有文献，本书的可能创新点主要体现在以下几点：

（1）在当前武汉城市圈很多措施制造业等数据较难获得的情况下，采用政府统计数据和企业实地调研一手资料相结合，根据收敛性的相关理论及新经济地理学的相关基础，首次对武汉城市圈各地区空间经济差距以及制造业的空间集聚情况进行了全面而系统的检验描述。现有文献还没有对武汉城市圈各地区经济增长差距从新古典收敛性的角度进行研究，同样，对该城市圈制造业两位数分行业的空间分布的相关研究目前还是空白。

（2）使用武汉城市圈各地级市和县级市的面板数据对该城市圈制造业集聚的微观机制，以及经济集聚与地区空间经济差距的关系进行实证检验。国内现有的相关文献所使用的数据大多以省级为研究的基本单位，而由于中国的省级区域范围较大，其内部各地区之间无论是在自然条件还是资源禀赋等方面，都存在着巨大的差异，所以其研究的结论并未真正揭示其背后的原因。而本书采用地级市和县级市作为研究的基本单元，其得出的结论更能反映制造业集聚与地区经济差距之间的内在关系。

（3）在方法的运用上，通过对新古典经济增长理论中的收敛性理论的梳理，结合武汉城市圈经济增长的实际情况，重构收敛性检验模型。同时，鉴于国内相关统计数据口径和西方发达国家统计口径的区别，结合城市圈统计数据的特点，对度量制造业空间集聚的 EG 指数的指标计算方法进行重新改进，使得计算的结果更加与现实相符。

1.5.2　不足之处

如前所述，本书涉及新古典经济增长理论中的收敛性和新经济地理学中的制造业集聚，并探究两者之间的关系，故选题有一定的难度。同时，本书对武汉城市圈各城市制造业两位数行业的空间集聚差距进行度量，而鉴于一些地区统计数据的缺失和统计口径的差异，数据的收集和处理工作极其繁重和艰难。另外，由于笔者理论基础、知识积累和现有资料的占有等方面存在一定缺陷，本书在一些方面仍存在着不足，需要进一步深入研究。

首先，由于统计数据的原因，本书只能对 2000～2013 年武汉城市圈地区经济差距与制造业空间集聚等相关问题进行研究。由于时间序列较短，所进行的一些实证分析也就不可避免地在精确性上存在一些缺陷。

其次，已有的新经济地理学理论模型的假设都较为严格，而且有些假定本身并不适合武汉城市圈经济增长的实际情况，而限于笔者学识的浅薄，在研究中并没有对这些理论模型的发展作出更大的贡献，这也将是未来的努力方向。

再次，与第一条不足之处类似，限于统计数据的原因，本书的实证研究仅依赖于现有的可获得数据，对经济集聚的微观机制及其与劳动生产率和经济增长率之间的关系进行了实证分析，而对于研究中所选取集聚的度量指标，还有很多不尽如人意之处，需要在未来的研究中，进一步寻找能够表征相关变量的数据。

最后，根据新经济地理学的相关文献，产业集聚可以分为产业间共同集聚指数和产业内集聚指数，而在本书中，限于数据的可获取性，忽略了这样的分类，这就使得研究的深度和广度受到了极大的限制。

第2章
相关理论基础

尼古拉斯·卡尔多认为，经济增长的全部理论与实践研究主要围绕着两个主题展开：一是人均产出持续增长，且其增长率并不趋于下降；二是人均产出的增长率在各国之间的差距巨大。换句话说，这两个主题的实质就是：经济持续增长的动力来源到底是什么？经济增长是否会产生收敛（趋同）的结果？其中第一个主题代表了经济学家研究经济增长的主要目的——寻找影响经济增长的主要原因；第二个主题则代表了经济学家对经济增长结果的关注——经济增长在不同国家之间的分布状况，也就是经济增长的收敛性问题。

但是，传统的新古典增长理论本身无法解释生产函数中代表技术进步的 A 的内部机制，而且其微观基础是建立在规模报酬不变的假设基础上的，这就无法证明现实世界中广泛存在的空间经济和要素的集聚问题。本书将从制造业空间集聚的视角，对武汉城市圈空间经济差距进行测度，并探究空间经济差距的形成机制。因此，本章将首先对新古典经济增长中的收敛性的相关理论、新增长理论和新经济地理学中的产业集聚等相关内容，以及空间经济差距与制造业空间集聚之间的关系这几个方面的问题，进行简要的梳理，以期为后文实证研究的展开提供理论支撑。

2.1 收敛性经济增长理论

早在1928年，拉姆齐（Ramsey）就采用了一种从个人最优化决策推导出均衡路径的动态模型，首次提出收敛现象的假说：在新古典框架内，对于一个封闭经济，各地区人均增长率可能与人均收入或人均产出水平存在反向关系。特别地，如果存在相似的技术结构和偏好，落后经济体比发达经济体增长的速度要快，即出现经济收敛现象。[1]

新古典经济增长理论有两个基本模型，即 Solow 和 Swan 提出的 Solow-Swan 模型，以及 Cass 和 Koopmans 在 Ramsey 模型的基础上提出的 Ramsey-Cass-Koopmans 模型。Solow-Swan 模型假定一国的储蓄率是外生的、不变的，加上一个定义良好的新古典总量生产函数，模型产生了一个极为简单的一般均衡结果。但该模型没有分析决定一国储蓄率的因素，也就无法解释为什么有的国家有更高的储蓄率、更高的经济增长率和更高的人均收入；而 Ramsey-Cass-Koopmans 模型则通过引入家庭消费决策的跨期最优，将储蓄率的决定内生化了，因而该模型也具有更为丰富的经济含义和更为复杂的动态变化。

2.1.1 储蓄率外生模型

在边际报酬递减、要素自由流动等假设条件下，以索洛为代表的新古典增长理论引入了资本与劳动的可替代性、总量报酬不变以及技术变量。

Solow-Swan 模型的基本假定包括：

（1）经济整体存在总量生产函数 $Y = F(K, L, A)$，其中，Y 为总产出；K 为资本投入；L 为劳动投入；A 为技术水平。劳动投入、技术水平都是外生变量，且它们都是时间 t 的函数。

生产函数满足边际产出递减和规模收益不变等传统新古典模型基本条件，即：①规模收益不变 $F(\lambda K, \lambda L) = \lambda F(K, L)$，所有的 $\lambda > 0$；②对所有 $K > 0$ 和 $L > 0$，$F_K > 0$，$F_{KK} < 0$，$F(\cdot)$ 呈现出对每一种投入的正且递减的边际产品，即 $\frac{\partial F}{\partial K} > 0$，$\frac{\partial^2 F}{\partial K^2} < 0$；$\frac{\partial F}{\partial L} > 0$，$\frac{\partial^2 F}{\partial L^2} < 0$；③生产函数满足"稻田条件" $\lim\limits_{K \to 0} F_K = \lim\limits_{L \to 0} F_L = \infty$，$\lim\limits_{K \to \infty} F_K = \lim\limits_{L \to \infty} F_L = 0$。

（2）技术进步采取劳动增进型[2]：$Y(t) = F[K, A_L(t) \cdot L]$，用 g_L 表示外

---

① 新古典经济增长理论假定技术进步是外生的，由于技术进步决定了长期经济增长率，这一假定就意味着该理论中长期经济增长率也是外生的。这一性质使得长期增长率与经济结构没有关系，这就注定了该理论不能解释长期经济增长率的差异。但该理论对于研究经济增长的收敛性却有着重要的意义：首先，该理论可以作为其他理论的参考基准；其次，该理论提供经济增长向长期增长率收敛的过渡过程，这种过渡过程实际上代表了所谓的后发优势在经济收敛中的作用，故对于经济收敛过程的描述仍具有重要的意义；最后，该理论提供了对经济增长收敛的估算方法，为估计长期经济增长率提供了一个有力的工具。

② 巴罗和萨拉伊马丁（2000）中总结了三种类型的技术进步，即希克斯中性、哈罗德中性和索洛中性的技术进步。不同性质的技术进步对应着不同形式的生产函数，分别为 $Y = A \cdot F(K, L)$、$Y = F(K, A_L L)$ 和 $Y = F(A_K K, L)$。后两种类型的技术进步又被称为"劳动增进"（或"劳动体现"），以及"资本增进"（或"资本体现"）的技术进步。这一点非常直观，在现实当中，技术进步往往表现在劳动力质量的改善或资本技术含量提高的过程当中，难以与劳动或资本的投入完全分离。

生的技术进步率，即 $g_L = \dfrac{\dot{A_L}}{A_L}$。

（3）S 表示外生的、不变的储蓄率，δ 为资本折旧率。资本积累方程为：
$\dot{K} = I - \delta K = s \cdot F(K, A_L L) - \delta K$。

（4）其他假定：外生人口增长率为 n；商品市场和要素市场都是完全竞争、连续出清的，$r = F_K$，$\omega = F_L$；产出是同质的，既可用于消费，也可用于投资；封闭经济。

由于资本与劳动可相互替代，资本市场与劳动市场只要其中一个市场出清，便可由市场体系自行调节达到两个市场的同时均衡[①]。

在上述基本假定条件下，考虑一般形式的柯布–道格拉斯（Cubb-Douglas）生产函数：$Y = F(K(t), L(t), t)$。采用希克斯（Hicks）中性的技术进步形式[②]，该生产函数可进一步表达为：$Y = A(t) \cdot F(K(t), l(t))$，其中 A 代表技术水平和制度效率参数。

由于规模报酬不变，该生产函数是线性齐次的，因而可将生产函数表达为人均产出与人均资本的集约形式：

$$y = Af(k) \tag{2-1}$$

外生给定劳动力的增长速度为 n，即 $L(t) = L_0 e^{nt}$，并且外生给定储蓄率为 s，即每年的生产中有一个固定的比例作为追加生产能力的投资，这样人力资本的增长速度取决于总资本与劳动力的增长速度之差：

$$\gamma_k = \frac{dk/dt}{k} = \frac{dK/dt}{K} - \frac{dL/dt}{L} = \frac{sAf(k)}{k} - (n+\delta) \tag{2-2}$$

其中，δ 为资本的折旧率，$\dfrac{dK}{dt} = sY - \delta K$。

对式（2-1）两边取自然对数并对时间求导，从而得到人均产出与人均资本增长率之间的关系：

$$\frac{dy/dt}{y} = \frac{dA/dt}{A} + \frac{kf'(k)}{f(k)} \cdot \frac{dk/dt}{k}$$

$$\gamma_y = \gamma_A + \frac{kf'(k)}{f(k)} \cdot \gamma_k \tag{2-3}$$

为简化问题，假定技术和制度效率不变，即 $\gamma_A = 0$，从而得到：

---

① 按照索洛的说法，这就是 τ 内生化。

② 希克斯中性的技术进步是经济增长实证文献中讨论最多的一种技术进步形式。在早期的研究中，根据 Solow 的定义，它可以包括最广义的、与要素投入数量无关的技术变化。正因为与要素投入无关，这种技术进步没有"体现"在资本或劳动当中，因此希克斯中性的技术进步又被称为"非体现的"（disembodied）技术进步。

$$\gamma_y = \frac{kf'(k)}{f(k)} \cdot \gamma_k \qquad (2\text{-}4)$$

将式（2-2）代入式（2-4）便可得到人均产出增长率。

为了考察收敛性，考虑新古典生产函数的一个典型代表函数，即柯布–道格拉斯生产函数：$Y = AK^{\alpha}L^{1-\alpha}$，其中 $0 < \alpha < 1$。可以验证，对于 C-D 生产函数，人均产出增长率 $\gamma_y = \alpha\gamma_k = \alpha[sAk^{-(1-\alpha)} - (n+\delta)]$，其中 $\dfrac{\partial\gamma_y}{\partial_y} = -\dfrac{s(1-\alpha)}{k} < 0$。

由上面的推导过程可知，经济收敛取决于 (g, n, δ, s) 的一致性、初始技术水平 $A(0)$ 的一致性和生产函数的一致性。具体来说，该模型的经济收敛依赖于"外生技术进步""技术公共物品""规模收益不变""人口增长率一致"和"结构一致"等 5 个关键性的假设，因为：①外生技术进步假设等价于事先从外部假定了人均产出的稳态增长率，因此人均产出的稳态增长率与储蓄率、折旧率、人口增长率以及生产函数结构等经济参数无关。②技术公共物品假设意味着所有国家有着共同的技术初始水平和技术增长率 g，从而保证了人均产出的增长率收敛。③规模收益不变假设意味着人均资本边际产出递减。这就使得稳态人均资本水平与初始状态无关（稳态解存在），从而保证了人均产出的水平会收敛于一个稳态值。④人口增长率一致和结构一致，即 (n, δ, s) 一致和生产函数的一致。这意味着不同人均产出或人均资本起点的经济，如果有着相同的经济结构和相同的技术增长率，就一定可以达到人均产出的收敛。

如果上述各项假设成立，则该模型得出了如下结论：人均收入或产出水平的增长率与其初始人均收入或产出水平呈负相关关系；如果经济偏好与技术相同，那么落后经济体的经济增长速度要快于富裕经济体的增长速度。

索洛–斯旺模型得出的上述结论实际上就是后来由巴罗和萨拉–伊–马丁（Barro and Sala-I-Martin，1992）提出的 β-收敛和 δ-收敛。

由于该模型的经济收敛依赖于上述各条件的成立，因此严格地讲，该理论预测的是条件收敛。但是如果认为上述 5 个假设条件在各国间总是近似满足的，该模型则预测了绝对收敛。

索洛–斯旺模型非常简单，却有着非常丰富的理论内涵，对现实世界也有很强的解释力和洞察力。该模型得出的"条件收敛"假说，即一个国家在距离自身的经济稳态较远时增长较快，已经得到广泛的证实，几乎成为经济增长中的一个"典型事实"。

2.1.2 储蓄内生化的收敛性预测

如前所述，Cass 和 Koopmans 在 Ramsey 的基础上提出 Ramsey-Cass-Koopmans 模型。拉姆齐问题关心的是一个国家应当储蓄多少、消费多少，也就是一个国家的储蓄率的决定问题。通过引入居民消费决策的跨期最优，Ramsey-Cass-Koopmans 模型将 Solow-Swan 模型中假定的外生的储蓄率内生化了。在这个新的（相对传统的索洛模型）新古典增长模型中，由于考虑了居民的消费偏好和跨期决策，模型也就有了更为丰富的经济含义和动态特征。

Ramsey-Cass-Koopmans 模型首先界定了居民方面的基本假定：

（1）设社会总人口 L 的增长率为 n，社会总消费记为 C，人均消费 $\bar{c} = \dfrac{C}{L}$，并记"有效人均"消费为 $c = \dfrac{\bar{c}}{A_L} = \dfrac{C}{A_L L}$。

（2）每个居民的效用是消费的函数 $u(\bar{c})$。假定效用函数具有以下性质：$u'>0$，$u''<0$；$\lim\limits_{c \to 0} u'(c) = \infty$ 和 $\lim\limits_{c \to \infty} u'(c) = 0$。第一组条件即常见的消费边际效用函数为正和边际效用递减；第二组"稻田条件"排除了消费为零的情况，并保证积分收敛。为了在分析时能得到显式解，赋予效用函数特殊的形式，设在 t 时刻的瞬时效用函数为：当 $\eta \neq 1$ 时，$u(\bar{c}_t) = \dfrac{\bar{c}_t^{1-\eta}}{|1-\eta|}$；$\eta = 1$ 时，$u(\bar{c}_t) = \ln \bar{c}_t$。其中 $\eta>0$，为居民消费的跨时替代弹性的倒数，即 $\eta = \dfrac{1}{\delta_c}$。

（3）设 t 时刻整个社会的总效用 $U_t = u(C_t)$。当所有居民（即整个社会）消费的时间偏好率为 θ 时，第 0 时刻整个社会的效用为以后所有时期效用的贴现值，即 $U_0 = \displaystyle\int_{t=0}^{\infty} u(C_t) \mathrm{e}^{-\theta t} \mathrm{d}t$。

在这样的模型中，储蓄率不再保持不变，而且更重要的是，尽管这将减慢增长的收敛速度，但却不会改变收敛性。

在上述基本假设条件下，代表性家庭面临的选择是在跨期预算约束的条件下最大化历史成员的总效用：

$$\max U = \int_{t=0}^{\infty} u[c(t)] \cdot \mathrm{e}^{nt} \cdot \mathrm{e}^{-\rho t} \cdot \mathrm{d}t \tag{2-5}$$

$$\text{s. t. } \frac{\mathrm{d}a}{\mathrm{d}t} = \omega + ra - c - na \tag{2-6}$$

为排除家庭连环信贷的可能，令家庭的资产现值为非负：

$$\lim_{t \to \infty} \left\{ a(t) \cdot \exp \left[-\int_0^t (r(v) - n) \cdot \mathrm{d}v \right] \right\} \geq 0 \tag{2-7}$$

上式中，n 仍为人口增长率，ρ 为贴现率，a 为家庭人均资产净值，ω 为人均工资收入，$r(v)$ 为各期的资产利率，$u[c(t)]$ 是效用函数，采取不变跨期替代弹性的效用函数，$u(c) = \dfrac{c^{1-\theta} - 1}{1 - \theta}$，显然 $\dfrac{u''(c) \cdot c}{u'(c)} = -\theta$，其中 $\theta > 0$。

为考察人均消费的动态变化，建立 Hamilton 方程：

$$H = u(c) \cdot \mathrm{e}^{-(\rho - n)t} + \mu [\omega + (r - n) a - c] \tag{2-8}$$

动态最优化一阶必要条件：

$$\frac{\partial H}{\partial c} = 0, \text{即得到} \qquad \mu = u'(c) \cdot \mathrm{e}^{-(\rho - n)t} \tag{2-9}$$

$$\frac{\partial H}{\partial a} = -\frac{\mathrm{d}\mu}{\mathrm{d}t}, \text{即得到} \qquad \frac{\mathrm{d}\mu}{\mathrm{d}t} = -(r - n) \cdot \mu \tag{2-10}$$

对式（2-9）两边取自然对数并对时间求导，可得：

$$\frac{\mathrm{d}\mu/\mathrm{d}t}{\mu} = u''(c) \cdot \frac{\mathrm{d}c/\mathrm{d}t}{u'(c)} - \rho + n \tag{2-11}$$

将式（2-10）代入并整理，最终获得人均消费增长率的表达式：

$$\gamma_c = \frac{\mathrm{d}c/\mathrm{d}t}{c} = \frac{1}{\theta} \cdot (r - \rho) \tag{2-12}$$

可见，θ 越大，即人们越不愿对消费做跨期移动，人均消费增长越慢；ρ 越大，即人们对未来不确定性的厌恶程度越高，不愿意延迟消费，则人均消费增长也越慢。

另外，Ramsey-Cass-Koopmans 模型引入代表性厂商的生产行为，在与 Solow-Swan 模型中的假定完全相同的前提下，得到方程 $R = f'(k) - \delta$，其中 R 为厂商面对的资本成本。

如果抽象到现实经济运行中金融中介机构的运行成本，则家庭资产的借出利率与厂商资本的借进利率相等，即 $r = R = f'(k) - \delta$，将利率的表达式代入可以得到：

$$\gamma_c = \frac{\mathrm{d}c/\mathrm{d}t}{c} = \frac{1}{\theta} \cdot (f'(k) - \delta - \rho) \tag{2-13}$$

可以看出，随着人均资本的积累，资本的边际收益将随之降低，其结果是人均消费增长率将随着经济发达程度的提高而趋于下降。特别是在 C-D 生产函数中，由 $\gamma_y = \alpha \cdot \gamma_k$，可知人均产出的增长率也将随着下降，即收敛性仍然成立。也就是说，虽然储蓄率内生化后会减慢与储蓄率外生给定时相比的收敛速度，但却不会改变增长收敛性。

这里关键的一点是，在 Ramsey-Cass-Koopmans 模型中储蓄率是居民最优化选择的结果，不再是外生的和不变的。在整个转移动态过程中，储蓄率持续上升、下降或维持不变三种情况都是有可能的。巴罗和萨拉伊马丁（Barro and Sala-I-Martin，2000）证明，只有当居民消费的时间偏好系数和跨期替代弹性满足一定条件的时候，收敛过程中的储蓄率才会维持不变。并且，随着经济发达程度的提高，尽管储蓄率一般会趋于上升，但人均资本的增长率仍然会单调下降。此时的收敛过程与 Solow-Swan 模型是一样的，收敛时间也相同。但在储蓄变化的情况下，Ramsey-Cass-Koopmans 模型的收敛时间比较短。

Ramsey-Cass-Koopmans 模型作为"第二代"新古典增长模型，将 Solow-Swan 模型中外生设定的储蓄率内生化了，因而其经济学内涵更加丰富，对现实的描述力和解释力也更强了。

2.1.3 经济收敛的估算

还是假定新古典生产函数为经典的 C-D 形式，即 $Y = K^{\alpha}(AL)^{1-\alpha}$，令 $\tilde{y} = \dfrac{Y}{AL}$，$\tilde{k} = \dfrac{K}{AK}$，则有 $y = f(\tilde{k})$。

仍然假设技术水平以固定的增长率 g 增长，劳动以固定的增长率 n 增长，资本以固定的折旧率 δ 折旧，以及外部给定的储蓄率为 s，则可以得到新古典增长理论的基本方程：

$$\dot{\tilde{k}}(t) = s \cdot f(\tilde{k}) - (g+n+\delta)\,\tilde{k} \tag{2-14}$$

将该方程进行变形：

$$\frac{\dot{\tilde{k}}}{\tilde{k}} = s \cdot k^{\tilde{\alpha}-1} - (g+n+\delta) \tag{2-15}$$

而由于 $\dfrac{\dot{\tilde{k}}}{\tilde{k}} = \dfrac{\mathrm{d}\ln\tilde{k}}{\mathrm{d}t}$，故可将上式表达为：

$$\frac{\dot{\tilde{k}}}{\tilde{k}} = \frac{\mathrm{d}\ln\tilde{k}}{\mathrm{d}t} = s \cdot \mathrm{e}^{(\alpha-1)\ln\tilde{k}} - (g+n+\delta)$$

将该式在 $\ln\tilde{k}^{*}$ 处展开，可以得到

$$\frac{\dot{\tilde{k}}}{\tilde{k}} = \frac{\mathrm{d}\ln\tilde{k}}{\mathrm{d}t} = (1-\alpha)(g+n+\delta)(\ln\tilde{k}-\ln\tilde{k}^{*}) \tag{2-16}$$

对该式进行求解，得到：

$$\ln \tilde{k} = e^{-\beta t} \ln \tilde{k}(0) + (1 - e^{-\beta t}) \ln \tilde{k}^* \qquad (2\text{-}17)$$

式中，$\beta = (1-\alpha)(g+n+\delta)$，对上式求时间的导数，得出人均资本增长率为：

$$\frac{\dot{k}}{k} = g - \beta \cdot e^{-\beta t} \cdot \ln \frac{\tilde{k}(0)}{\tilde{k}^*} \qquad (2\text{-}18)$$

式（2-18）表明，人均资本增长率可以分解为稳态项和过渡项。由于过渡项趋向于 0（$\lim\limits_{t \to \infty} e^{-\beta t} = 0$），所以稳态增长率代表了经济的长期增长率。新古典增长理论假设稳态增长率是外生的，因此式（2-18）表达了经济向稳态增长率收敛的过渡过程。而且，由于 $\ln \dfrac{\tilde{k}(0)}{\tilde{k}^*} < 0$，所以如果一个经济体的初始人均资本水平越低，则其过渡时人均资本增长率就越高，也就是其人均产出增长率越高。

β 的大小反映了经济的收敛速度，β 越大其收敛速度越快，反之则越慢。一般 $\beta > 0$ 总是存在的，因此总是收敛于稳态的，只是速度快慢有所不同。这一性质说明资本边际产量递减导致落后经济体在资本积累上具有后发优势。

1. 绝对收敛的 β 检验

利用式（2-17）构建计量经济模型，可以对经济是否存在绝对收敛进行检验：

$$\frac{\ln k_i(T) - \ln k_i(0)}{T} = a + b \cdot \ln k_i(0) \qquad (2\text{-}19)$$

式中，$a = g + \dfrac{1}{T}(1 - e^{-\beta t})[\ln \tilde{k}^* + \ln A(0)]$；$b = \dfrac{1}{T}(1 - e^{-\beta T})$；$T$ 为时间区间，i 代表不同的经济体。

上式之所以可以检验绝对收敛，是由于假定 a 为常数。这一假定意味着所有的经济体具有相同的 g、$\tilde{k}^*$、$A(0)$ 和 β 值。通过估计参数 b 可以计算出相应的 β 值，如果 $\beta > 0$，则意味着存在绝对收敛。

2. TFP 增长率

从前面的分析可以看出，技术增长率 g 代表了长期经济增长率，不同的经济体之间的相同的技术增长率 g 是经济收敛的必要条件，而且各个经济体间的不收敛是由于各国的长期增长率有显著的差异。因此估算 g 的差异是确定各国是否存在经济收敛的重要手段。新古典经济增长理论虽然不能提供对 g 的解释，但却提供了对 g 的近似测算方法，也就是索洛残差。

索洛（1957）在其《技术变化和总量生产函数》一文中，建立了一个核算技术进步的新古典框架[①]，假设新古典生产函数为 $Y=AF(K, L)$，求增长率关系可得

$$\frac{\dot{Y}}{Y}=\alpha\frac{\dot{K}}{K}+(1-\alpha)\frac{\dot{L}}{L}+g \qquad (2-20)$$

式中，Y 为产出，K 为资本，L 为劳动，$\alpha=\frac{\partial Y}{\partial K}\cdot\frac{K}{Y}$ 和 $1-\alpha=\frac{\partial Y}{\partial L}\cdot\frac{L}{Y}$，分别代表

了资本产出弹性和劳动产出弹性，$g=\frac{\dot{A}}{A}$ 被索洛称为技术进步[②]。

严格地讲，g 并不等同于技术增长率，它包含除资本投入和劳动投入以外的全部因素对增长的贡献。实际上，式（2-20）中的 $\alpha\frac{\dot{K}}{K}+(1-\alpha)\frac{\dot{L}}{L}$ 是不同投入增长率的加权平均值（所有权数的和为1）。如果定义它为全要素增长率，则技术进步是产出增长率与全要素增长率之差，即

$$g=\frac{\dot{Y}}{Y}-\alpha\frac{\dot{K}}{K}-(1-\alpha)\frac{\dot{L}}{L} \qquad (2-21)$$

该式的意义正好是总产出与总投入之比的增长率，因此把 g 称为"TFP 增长率"更为恰当。

从式（2-21）中可以看出，TFP 增长率是从经济增长率中除去总投入贡献后的剩余，所以也被称为余值。这一计算方法，也被称为"余值法"。

用余值法测算 TFP 增长率需要解决两个关键问题。

首先，投入要素产出弹性的估计问题，即 α 的估计问题。实际上很难用统计的方法得到生产要素的产出弹性，可以观测到的是投入要素的报酬以及各投入要素的报酬占总产出的比例。但是，当满足新古典条件时，生产要素的产出弹性正好等于生产要素报酬在总产出中的比例，这就是所谓的生产者均衡条件，因此，有方程：

$$g=\frac{rK}{y}\cdot\frac{\dot{K}}{K}+\frac{\omega L}{Y}\cdot\frac{\dot{L}}{L} \qquad (2-22)$$

---

① 所谓新古典框架，是指满足两个基本条件，即技术进步外生、规模收益不变的生产函数；完全竞争的产品市场和要素市场。后一个条件产生了满足边际生产力分配理论的生产者均衡条件。

② 需要说明的是，这里的生产函数与上文中的 $Y=F(K, AL)$ 的形式有所不同，但并不影响其分析结果，特别是如果生产函数是 C-D 形式时，两者在性质上是完全相同的。

由上式可以得出，当生产者均衡不成立时，余值法便不能准确地核算出 TFP 增长率。

其次，该方法能否对产出和投入要素的增长率作出准确核算。在一般情况下，产出核算的误差不会太大，关键是投入核算的准确性存在着较大的问题。正是这种误差的存在，使得索洛曾得出 TFP 增长率对美国经济增长的贡献率为 87.5% 的结论。以 Jorgenson 为代表的一些经济学家认为，索洛在技术进步计量时之所以存在一个较大的 TFP 增长率，很大程度上是由对投入增长率的低估造成的。他们认为通过对投入要素的更为细致的划分，将可以削弱这一误差，使索洛核算得出的 TFP 增长率中的一部分转化为投入增长率。

以 Denison 和 Jorgenson 为代表的经济学家对投入要素做了更为细致的划分，从而使一部分索洛模型中的测量误差得到修正。

按照新古典理论，TFP 增长率代表了长期增长率，因此各国 TFP 增长率的长期趋势反映了经济收敛的相关信息。经济学家们通常据此来判断一个国家的长期经济增长质量。通常来说，落后经济体的 TFP 增长率应该不低于发达经济体，否则很难实现经济的收敛[①]。

2.2 产业集聚与地区经济增长关系

与传统的新古典收敛性理论所预言的经济增长趋于收敛不同，众多国家和地区经济增长的事实却表明，随着经济的增长，国家间和地区间的经济差距不仅没有缩小，反而在持续扩大，基于"新古典增长经济学"收敛假说并没有得以实现。与之相反，从 20 世纪 90 年代开始兴起的新经济地理学，在解释工业集聚和地区间差距之间的关系方面获得了巨大的成功。该理论认为，地理位置和历史优势是集聚的起始条件，规模报酬递增和正反馈效应导致了集聚的自我强化，使得优势国家和地区的地位得以持续保持，从而使地区间的差距持续扩大。

新经济地理学对传统新古典经济增长理论中的报酬不变、完全自由竞争和比较优势等三个基本假说进行了全方位的修正，开始将企业内部规模报酬递增、不完全竞争和地理空间要素纳入了标准的贸易模型框架中，构建了新的研究方法来解释经济活动在区域上的配置记忆在地理上的空间集聚现象。正是基

① TFP 增长率的核算依据是以新古典的假设为基础的，当新古典假设本身不成立时，TFP 增长率就会出现偏差，这时使用 TFP 增长率来说明经济收敛也应当注意。

于这些更为接近事实和假定，以及将空间要素纳入模型的分析方法，近年来新经济地理学成为解释集聚和经济增长的最有效的理论。

Ottaviano 和 Martin（2001）在克鲁格曼的新经济地理学理论，以及新经济增长理论的相关理论的基础上，假设劳动力不可流动，建立了一个经济增长和经济活动空间集聚自我强化的模型，证明了地区经济活动的空间集聚通过降低创新成本，对经济增长进行有效的激励。反过来，向心力使得新企业倾向于选择这些创新成本较低的地区。而经济增长又进一步推动了经济活动的空间集聚，从而在某种程度上检验了缪尔达尔的"累积因果循环理论"。

Ottaviano 和 Martin 在模型中假设存在两个地区和两个部门：创新部门和差异化产品部门；两个部门生产两种产品：同质产品和差别产品。差别产品也用作创新部门的中间投入品。根据标准地理模型，同质产品市场是规模收益不变、完全竞争并且交易成本为零；与之相对，差别产品市场是规模收益递增、垄断竞争、存在冰山贸易成本。在贸易成本和规模经济递增的权衡中，差别产品部门会选址于接近更大市场的地区。因此，经济增长推动经济活动的集聚（即前向联系）。同时，集聚又有助于降低高集聚度地区的创新成本，从而推动经济增长（即后向联系）。这样，集聚和经济增长之间就相互促进，互为影响了。

在该模型中，消费者和生产部门都对差别产品有需求，如果创新活动只是集聚于其中一个地区，则企业也集聚于该地区（通常规模收益递增的企业选址于支出水平较高的地区），从这个角度看，集聚就是经济增长的递增函数了。同时，一个地区产业集聚程度的上升会使得创新成本下降，并吸引该产业更多的企业，直到利润为零，也就是说经济增长反过来又是集聚的递增函数了。

模型进一步分析发现，如果两个地区制造业生产活动的空间分布处于平均分布状态，则对于正的经济增长率是不稳定的，除非两个地区初始企业数相等。稳定的状态是全部创新活动集聚在一个地区，而且该地区在差别产品的生产上具有专业化优势，这就意味着生产和创新活动都集聚在一个地区，尽管在程度上可能会有所不同。当然了，尽管地理集聚源于该模型中设定的条件，但是由于消费者的不可流动性和专利产品的自由流动性，有些生产活动仍会选址在非核心地区，即"外围地区"。

与 Ottaviano 和 Martin 在 2001 年文献中的研究相反，Baldwin 和 Forslid（2000）在企业是垂直联系、劳动力自由流动的不同假设条件下，讨论了资本流动和资本不流动两种情况下空间集聚和经济增长的问题，研究显示：无论资本是否流动，经济活动由于地理集聚和技术溢出都会促进经济增长。这一结论揭示了地理区位与经济增长的内生关联机制，得出与 Ottaviano 和 Martin（2001）相似的结论。

此外，Fujita 和 Thisse（2002）的研究也得到和 Ottaviano 和 Martin（2001）相似的结论。在该模型中，Fujita 和 Thisse 同样假设经济中存在两个地区，但有三个部门，即传统部门、现代化部门和创新部门；两种生产要素，即熟练技术工人和非熟练技术工人。其中，传统部门和现代化部门都是用非熟练技术工人，非熟练技术工人不能在地区内自由流动，熟练技术工人在两个地区内可以自由流动，且整个经济中熟练技术工人总量不随时间的变化而变化。在这些假设中，通过构建消费者偏好函数、资源跨期分配模型等得出了如下结论：当运输成本足够低的时候，现代化部门和创新部门都会集聚到一个地区中，而另一个地区则专门生产传统部门的产品。而无论技术能否在地区之间流动，现代化部门中的企业数量都会随着时间而逐渐增加，经济活动在空间上开始集聚时，经济增长也随之加快，集聚和经济增长彼此相互促进、相互强化。

集聚和地区经济增长之间的理论研究，除了上述基本原理外，还有一个重要的问题，就是对集聚影响地区经济增长的机制的研究。产业集聚对区域经济增长的影响主要是通过产业集聚效应来实现的，产业在特定的地理空间集聚，集聚区内各企业之间形成了有机的网络关系。高度的专业化和精细的分工、激烈的竞争和紧密的协作是网络关系得以延续并产生竞争力的源泉，产业集聚所带来的集聚效应使得集聚区内的各个企业获得较大的竞争优势，从而促进集聚区内企业的增长，而企业的增长又反过来促进了集聚区经济的增长。就现有的相关文献看，经济活动在空间上的集聚可以通过以下几个方面影响地区的劳动生产率，进而影响地区间经济增长差距。

第一，经济活动的空间集聚通过交易成本的降低来影响地区劳动生产率。交易成本又称为交易费用，是指经济主体在交易过程中所产生的非生产性成本，主要包括搜寻成本、谈判成本以及监督交易执行情况的成本等。为了获得准确、可靠的市场信息，企业往往需要支付很高的成本。产品价格分布的离散程度可能与产品的差异性存在相关关系，但价格的离散通常是由购买者对市场信息的无知造成的。如果购买者在交易过程中遇到第一个供应商时便进行购买，他的搜寻成本可能很低，但是他的购买价格可能很高；相反，如果他在多个供应商之间进行询价，可以大致了解该商品的市场行情，掌握价格的离散程度，从而可能或以较低的价格购买到所需商品，但显然其所付出的搜寻成本是很大的。虽然网络和信息技术的发展使得企业可以方便地搜寻到众多供应商的价格差异，但价格差异背后的产品品质等方面的差异的信息却很难准确得到。而通过企业在空间上的集聚，可以从实物上对产品的差异性进行直观的比较，降低由于空间距离而给购买者带来的购买产品质量的不确定性。正是由于集聚区域内存在着较多的供应商，而供应商为了获得交易机会，同时顾客通过信息搜寻可以大致了解该商品的价格行情，因此在谈判过程中的报价往往不会太高。报价真实性的提高，导致谈判费用的相应降低，同时空间距离的缩短，使得谈判过程中的相关费用会相应地降低。

除此之外，集聚使得运输成本降低也是交易费用降低的一个重要方面。即使是生产规模收益不变的企业，运输成本的存在也会使产品和服务的平均生产成本下降。如果经济活动分布比较集中，其平均运输成本就会降低，进而平均生产成本也会更小。

第二，经济活动的空间集聚会通过规模经济效应，影响地区的劳动生产率[①]。区域分工和区域差异促使差异集聚的形成，同时产业集聚进一步强化了分工，扩大了专业化，使得集聚区内企业达到最优经济规模水平，提升了企业的竞争优势。产业集聚使专业化分工以一种独特的方式获得了空前的发展，通常以"大而全""小而全"的方式存在于一个企业内部的生产环节，分布在集聚的不同企业中，因此，专业化是实现规模经济最有效的途径。相同的企业之所以集聚到一个地区，就是因为规模经济在起作用。大量企业在空间集聚，形成较大企业规模的同时，也产生了巨大的市场需求，这种规模经济效应使得该地区的企业能够得到高质量的中间投入品，并且由经济空间集聚而集聚了更多的劳动力，因此具备技术熟练劳动力的蓄水池功能，也能给企业带来更多的低成本优势。

第三，经济活动的空间集聚会通过动态外部性来影响地区的劳动生产率。集聚是指经济活动在空间上的集中，企业的这种空间地理集聚通常会给企业带来收益或成本方面的减少，集聚带来的这种生产效率的改进被称为集聚经济，而集聚经济通常被学者认为是一种外部经济。对经济活动集聚的外部性进行合理分类，对计量分析和政策建议的提出，以及对集聚程度的识别和度量等众多重大问题上，都具有重要的意义。

如果企业在空间上的集中有助于企业间相互知识的溢出，则经济活动集聚所产生的收益递增将会使得这些地区更有效率。也就是说，经济活动集聚度高的地区，其劳动生产率也较高。同类产业内部的企业或具有密切关联的企业的

---

① 新经济地理学更多的是在规模经济和运输成本相互权衡中研究工业集聚的，该理论认为规模经济效果越明显，运输成本越低，则工业集聚就越显著。

集聚，促进了相互间知识、技术、信息、检验的交流，实现了资源共享，优势互补。同时，同行竞争，可以迅速提高技术水平和管理水平，增强竞争实力。某一产业或产品生产的有关技术、技巧、技能与经验的形成与发展需要一个较长的积累过程，一旦产业集聚开始形成，就会出现自我强化的循环。产业特定性知识与技术在集聚区域内的企业间扩散，并形成掌握产业特定性知识与技术的专业劳动力的集聚地，集聚力的加强会吸引新的企业加入集聚区。这样，集聚区域越来越大，并最终形成动态的、持续的正外部性。空间距离上的接近、频繁的直接接触、通过供给方式发生的合作、由各种渠道相连的地缘关系等诸多因素使产业集聚区内某一个企业的技术创新对同行企业产生良好的示范和激励作用，区内不同员工之间经常会通过各种非正式和正式的机会交流技术、市场、营销、管理等方面的信息，促进集聚区内各成员之间的信息流动。这种由于知识或者技术溢出带来的外部性属于非经由市场传递的外部性。新经济增长理论将这种知识或技术溢出产生的外部性作为长期可持续的主要源泉，拓展了技术溢出和集聚经济关系的研究。这种外部性也被称为动态外部性，它源于同一产业内部或者不同产业之间。

动态外部性的相关概念提出后，众多学者对其进行了进一步的研究，Glaeser 等（1992）根据现有的研究，将其分为三种类型：Marshall-Arrow-Romer 外部性（即 MAR 外部性）[①]、Jacobs 外部性和 Porter 外部性。其中，MAR 外部性是指同一产业内企业间知识溢出带来的外部性，该外部性认为一个产业的地理集中有助于企业间的知识溢出从而带动该产业劳动生产率的提高；Jacobs 外部性则认为外部性来源于一个地区不同产业的企业间知识溢出带来的收益；而 Porter 外部性则认为产业集聚有助于地区经济增长，但地区竞争（而非垄断）有助于创新和知识扩散，由此带来外部性。

经济活动的空间集中通常表现出两种形式。一种是同一产业内企业的地区集聚，这种产业内集聚所产生的生产效率的提高被称为地方化经济或专门化经济，即 MAR 外部性。城市经济学和经济地理学认为，同一产业内的需求和成本连接是地方化经济的来源之一，传统贸易理论中也有相似的认识，但传统贸易理论和经济地理学的理论基础不同，经济地理学对需求成本连接的认识是建立在规模收益递增的基础上，而前者分析的基础是规模收益不变。另一种是不同产业在同一区域的集聚，即产业间集聚。同一地区产业多元化，从而不同产业经济主体之间有机会进行交流，这种跨产业的交流产生的知识溢出对生产效率的促进作用称为城市化经济或多样性经济，也就是

---

① 该外部性以 Marshall（1920）、Arrow（1962）和 Romer（1990）的相关研究为代表。

Jacobs 外部性。

进一步地对外部性进行细化，即便在专业化效应中也存在着关于竞争和垄断作用的两种不同的理论：一种是 MAR 理论所认为的垄断和市场势力总是和创新从而和更大的外部性相关联，集聚效应的来源主要是知识或技术溢出；而另一种则是 Porter 所认为的，竞争而非垄断在促进创新和增长。

现有的大量关于集聚经济的后续研究都是基于上述的基本分类方法，尽管如此，上述分类方法仍不够完善，因为它忽略了集聚经济许多重要的方面。近年来，有学者从成本下降的角度对集聚经济进行重新定义，认为经济活动的空间集聚可能通过多种因素来促进产业生产率的提高，如服务共享、基础设施共享和产业间的前后向联系等，这些都能够从不同的方面降低企业的成本，并提高企业的技术效率，进而影响地区经济增长。

第四，经济活动的空间集聚可以通过金钱外部性来影响地区的劳动生产率。经济活动的集聚能够提供更专业化的生产要素，更丰富的差异化产品，使得产业间的前后向连接更强，从而提高最终产品生产企业的生产率。这种经由市场（主要包括中间投入品市场、产品市场和劳动力市场）传递的集聚效应，或者说集聚外部性，也被称为"厚市场效应"（thick market），包括劳动力市场外部性（Glaeser et al.，1992）、前向和后向联系等。这种外部性是新经济地理学所主要关注的外部性之一，也被称为静态外部性。

在关于集聚和经济增长关系的文献中，常关注的外部性主要是知识或技术溢出带来的动态外部性和金钱外部性这种静态外部性。

产业集聚实际上是把产业发展与地区经济通过分工和专业化与交易的便利性有效地结合起来，从而形成一种有效的生产组织方式和产业氛围。由于集聚的企业大多是相关产业或同类产品生产企业，企业间因为生产、销售、服务等关系形成一种网络，从而产生上述一些效应，进而影响到地区间经济增长的差距。

2.3 产业集聚对地区经济增长影响的研究方法

尽管上述内容为产业集聚与经济增长之间的关系提供了一个清晰的分析框架，但在实证研究中，要对两者之间的关系，尤其是对产业集聚对地区经济增长的影响进行研究，却比较困难。就现有的文献来看，根据理论模型，采用生产函数的方法进行直接验证的基本没有，绝大多数文献都是采用通过考察劳动生产率在地区水平上的变化趋势的间接方法来对两者的关系进行考察。

2.3.1 直接方法

产业集聚对地区经济增长影响的研究方法首先是直接方法，即直接采用生产函数进行计算。考虑到集聚活动集聚后，生产函数形式为：

$$y_i = g(A_i) \cdot f(x_i) \tag{2-23}$$

式中，x 代表资本、流动等一般生产要素投入，A 代表集聚要素。i 企业的集聚收益表示为：

$$A_i = \sum_{k \in K} q(x_i, x_k) a(d_{ik}^G, d_{ik}^I, d_{ik}^T) \tag{2-24}$$

式中，K 表示全部企业的数量，$q(x_i, x_k)$ 表示 i 企业和 k 企业的规模得到的集聚收益，d_{ik}^G 表示 i 企业与 k 企业的欧式距离，d_{ik}^I 表示 i 企业与 k 企业之间的产业距离，d_{ik}^T 表示 i 企业和 k 企业的时间距离。

尽管采用函数检验集聚对地区经济增长的影响很直观，但该方法对数据的要求很高，即便能够得到数据，有些集聚变量还是无法进行精确的度量。这就造成了大部分采用该方法进行研究的文献都只包括少数一两个变量，由此造成了计量中的变量遗漏，这样得出的结论也就值得商榷了。

虽然直接函数法存在很多难以解决的问题，但近年来学者对于间接检验经济集聚和地区经济增长之间关系的文献越来越不满意，采用直接函数法的文献还是慢慢增多的。

Mitra 和 Sato（2007）使用日本县级水平的两位数产业数据，用因素分析的方法来考察经济增长、技术效率、失业率等与经济集聚之间的关系。研究结果显示，对于大多数产业而言，技术效率与外部规模经济存在着正向关系，特别是轻工业行业，这种集聚的效应十分明显。Geppert 和 Williams（2006）使用德国 1980～2000 年的数据，用一个 Probit 模型和非参数估计的方法实证分析一个地区实现超过平均水平的增长率的概率是否依赖于该地区重要部门的持续的集中和就业增长。他们的研究发现，一个地区高于平均增长率的概率的确和持续发生地理集中的部门在该地区的比例存在着显著的正向关系。他们的结论也证实了经济集聚和经济增长之间的正向关系。

Ciccone 和 Hall（1996）首次在考虑到集聚内生性的情况下使用美国各州的数据实证分析了劳动生产率和经济活动集聚水平之间的关系。他们发现，经济集聚所带来的收益递增在解释美国各州地区间劳动生产率的差异中起到了关键作用，一个地区就业密度提高一倍可以使得其劳动生产率提高 6%。在另一个研究中，Ciccone（2002）使用欧洲 5 个国家 628 个 Nuts-3 的地区数据，并考虑到集聚的内生性，分析了就业密度（经济集聚的度量指标）对于平均劳动生产率的影响，也得出相同的结论，即经济集聚的增加对区域经济增长有正的影响。

Sbergami（2002）考虑到集聚的内生性，使用欧盟内部国家的跨国面板数据首次对经济增长率和经济集聚的相互关系进行了直接的实证研究，但他得出的结论和理论的预测完全相反，发现无论是高技术行业，还是中等技术行业和低技术行业的集聚，对于经济增长率都有负的影响。究其原因，可能是该研究所使用的衡量指标其实是一个国家内部的产业集中度，并没有反映出各个国家之间的各个产业的空间配置关系。

需要说明的是，上述研究虽然考虑到了集聚的内生性问题，但这些文献大多使用的是跨国数据，而跨国数据可能会存在着较为严重的样本异质性和数据的可比性等问题。关于这一点，在将该方法运用于中国的实证分析中时，应该予以足够的重视。

2.3.2　间接方法

如上所述，由于直接方法存在着遗漏变量、内生性以及样本异质性等问题，所以更多的文献对产业集聚与经济增长之间关系的检验采用的是间接法，即只用集聚变量作为解释变量，来检验其对经济增长的影响。现有文献对于经济增长和产业集聚指标，主要有如下选择。

1. 对经济增长指标的选择

首先，早期的研究一般使用就业增长率作为经济增长指标，其理论假设是：劳动力供给独立于地区条件，则生产率的增长会带来同比例的就业增长。这类文献包括 Glaeser 等（1992）对城市地区的检验，Henderson 等（1995）的研究，这些研究的共同点在于都是通过检验集聚对就业增长的影响来推导集聚对经济增长的影响。

使用就业增长的优势是就业数据较容易得到，而且计量模型一般会呈线性形式。但是，生产率的增长会带来同比例的就业增长这个假设显然是不现实的，就业的这种增长未必总能反映经济增长的含义。因为厂商的选择可能会受到过去选择及地区环境的限制，他们可能是根据所处环境的变化来增加或减少工人数量。但如果样本的时间跨度足够大，则这一问题就不是太重要了，长期内就业变化能够反映企业经济绩效的变化。另一个重要问题是内生性问题，一个地区就业结构不仅会影响到全部就业增长，而且就业增长也会影响就业结构。例如，生产率的增长带来高地租和环境污染等问题，这可能会使劳动力离开原来的地区从而使得就业增长率下降，因此上述假设就不成立了，这一点在现有实证研究的文献中也有所反映。Cingano 和 Schivardi（2004）使用全要素生产率作为经济增长的指标，发现专业化和规模对全要素生产率增长有显著的正影响，但是竞争和多样性对全要素生产率没有影响，而使用就业作为经济增长指标时却得到了相反的结果。

其次，在意识到已有文献中使用就业增长率不足以表达经济增长的含义后，大多数的学者开始使用劳动生产率，或者全要素生产率来检验集聚对经济增长的影响。其中包括 Lucio 等（2002）对 1978～1992 年西班牙 26 个非制造业分支产业的研究等。

再次，还有一些研究使用新出现企业的数量作为经济增长指标来检验集聚对其产生的影响，代表性研究有 Carlton（1983）以及 Rosenthal 和 Strange（2003）等。这些研究的基本思想是新成立的企业会在利润最大化的地区进行选址，通过新企业的数量来表示该地区经济增长的水平。与其他研究方法相比，这种方法的优点在于对数据的要求不高，不需要资本存量、劳动力等数据。因为新企业的产生不受过去条件的限制，当前的经济环境对于新企业的选址和工人的就业选择来说是外生的。但这种方法的缺陷是，很多地方在既定时期内没有新企业产生，此外，新企业倾向于产生在已经发生集聚的地区。

最后，除了就业增长率、生产率和新企业数外，还有的研究使用工资来检验集聚经济的影响，该方法假定竞争市场劳动力工资等于其边际产品的价值。即便竞争是不完全的，但生产率越高的地区，工资一般也越高。这种方法的优点在于工资的数据很容易得到。

2. 对集聚指标的选择

早在 20 世纪六七十年代，就有学者采用单独的集聚指标检验集聚经济对地区经济增长的影响。当时的一些研究对集聚指标的选择，要么直接使用城市规模作为集聚指标，要么直接使用经济活动的密度，来测度集聚经济对经济增长的影响。无论采用哪一个替代指标，这些研究大多得出相似的结论，即经济集聚对经济增长具有正向的影响。

Shefer（1973）采用城市规模指标作为集聚指标，检验后发现，城市规模扩大一倍，城市生产率会提高 14%～27%。而同期 Sveikauskas（1975）采用同样的指标替代，发现城市规模确实能够推动城市生产率的提高，但提高的幅度却只有 6%～7%。这之后，很多学者都进行了相似的研究，Fogarty 和

Garofalo（1988）的结论是，城市规模扩大一倍，城市生产率会提高 10%，而 Moomaw（1981）的结论是 2.7%，Tabuchi（1986）的研究结论则是 4.3%。由此看来，采用该指标进行研究都得出相同的结论，即城市规模的扩大能够提高城市的生产率，而之所以会得出影响程度大小上的差异，根本原因在于这些文献各自研究所使用的样本的不同。

这之后，Ciccone 和 Hall（1996）注意到经济活动的空间密度可能是收益递增的重要来源之一，而且较之城市规模，经济活动的空间密度更能表达集聚的含义。由此，他们采用就业密度替代集聚程度，认为集聚通过运输成本、知识溢出带来的外部性和金钱外部性三个途径来影响美国各州的劳动生产率。其实证检验后的结果发现，就业密度每增加一倍，平均劳动生产率会提高 6%，全要素生产率会提高 4% 左右。Dekle 和 Eaton（1999）对日本研究后也得出经济集聚能够促进经济增长的结论，但其对经济增长的影响程度相比上述研究要小一些。

但是，也有少数研究得出了相反的结论，Beeson（1987）选取美国制造业州一级的数据，用两阶段估计方法检验集聚效应和部门生产率的关系，却没有发现两者之间有明显的相关性。Gopinath 等（2004）对美国制造业产业的研究发现集聚和经济增长之间呈现出了倒 U 形二次关系，即生产率在一定临界值以内，集聚能够促进生产率提高，而一旦超过了这一临界值，则集聚反而会阻碍生产率的提高。

第 3 章
武汉城市圈地缘经济关系的测度

任何两个经济体（包括地区、城市等）之间，其经济发展都是相互影响的，而影响程度的大小，则取决于经济体间地缘经济关系的密切程度。只有正确地评价地缘经济关系，才能够制定出恰当的区域经济发展战略，促进区域经济的繁荣和发展。

本章首先分析了地缘经济关系的内涵，并采用多元统计分析中欧氏距离的分析方法，设计了一个地缘经济关系测度体系，进而对武汉城市圈"1+8"城市间的地缘经济关系进行定量测度，最后根据实证测度结果提出相关的政策建议。

3.1 引　言

城市区位对于一个城市的经济发展起着至关重要的作用，传统的城市区位条件取决于由城市地理位置而形成的交通、物流、信息流等要素获得的便利程度。随着城市间经济联系的愈加密切，由城市之间的资源、资金、技术、信息等经济运用要素和经济运行特征的竞争性或互补关系以及政治、文化的关联性组成的地缘经济关系在区域经济合作中起着更加重要的作用。从这个角度来看，城市间的地缘经济关系也是城市经济发展的区位条件之一。而这种关系所表现的某些经济要素和经济特征的竞争性和互补性的差异，正是该城市竞争力差异的表现。

由此看来，所谓城市地缘经济关系，是指区域内不同城市之间由于自然条件和经济生产活动的差异而产生的在资源、资金、技术、信息等经济运行要素和经济运行特征的竞争或互补性关系，以及政治、文化等方面的相互联系而组成的关系的总和。地缘关系的类型有两种：竞争关系和互补关系。竞争关系是因为经济体之间在经济结构、资源结构和地形结构等方面的相似性而引起的，它使经济体之间在经济发展过程中可能成为相互争夺资金、人才、资源和市场的竞争对手；互补关系则是由于经济体之间在经济结构、资源结构和地形结构等方面的差异性而引起的，它使经济体在经济发展中可以互通有无、取长补短、共同发展。

只有正确地评价地缘经济关系，才能够制定出恰当的区域经济发展战略，促进区域经济的繁荣与发展。而地缘经济关系评价的一个重要方面，就是要判别区域内经济体之间是具有竞争关系还是互补关系，以便在区域经济体往来中采取相应的策略。竞争性与互补性的判别，也可以归结为相似性与差异性的判别。在本书中，将采用多元统计分析中的欧氏距离来对经济体之间的相似性和差异性进行度量：距离值越大，表明经济体之间的差异越大，互补性越强；反之，距离值越小，表明经济体之间差异越小，竞争性越强。

2007 年 12 月 14 日，国家发展和改革委员会（以下简称国家发改委）正式批准以武汉市为核心的武汉城市圈为全国"两型社会"总和配套改革试验区，武汉城市圈成为继珠江三角洲、长江三角洲、环渤海经济区后，中国快速发展的第四个经济增长极。所谓武汉城市圈，是指以武汉市为中心，包括周边100 千米范围内的黄石市、鄂州市、黄冈市、孝感市、咸宁市、仙桃市、潜江市、天门市等 8 个地级或省辖市所组成的城市圈。这 8 个城市相互联系起来，形成优势互补、资源共享、市场共通、利益共有的一体化格局体系，构成一个人口、产业、城市高度密集的经济发展圈。该城市圈一体化的现状如何，发展趋势又将怎样，不仅影响到该地区的前景，而且还将影响到中部崛起战略的实施。尽管当前城市圈内城市间基础设施、产业布局、区域市场、城乡建设、环境保护和生态建设等一体化进程加速发展，但也还普遍存在着企业为争夺市场而相互恶性竞争，城市间产业结构同构等阻碍一体化进程的现象。因此，需要加强对武汉城市圈一体化的研究，从宏观现状、内在问题、障碍与机制以及未来走向等方面，进行持续而深入的研究。首先必须要对武汉城市圈各城市之间地缘经济关系进行测度，以判断各城市间经济的竞争性与互补性。

3.2　地缘经济关系测度的设计

要对地缘经济关系进行判别和评价，即要通过选取合理的指标、模型设计、数据计算后，确定城市间各经济关系的竞争性或者互补性以及其程度的大小，进而从宏观、整体上寻求城市间经济合作的领域，为城市间经济合作提供依据。从现有地缘经济关系测度的文献来看，欧氏距离测度方法较为常见，即首先测度城市间的欧氏距离值，然后再根据其值对城市间竞争性与互补性进行判断，进而提出相应的对策。

欧氏距离方法的基本原理，是基于多元统计分析中的距离分析来设计测度方法，其过程主要包括五个步骤。

3.2.1 选择评价指标

对地缘经济关系测度指标的选择，既可以采用定性指标，也可以采用定量指标，本书实证分析中，采用定量指标，选取指标的原则是通过数据计算能够较为准确地判别和度量城市间的竞争性与互补性。而对于指标数量的选择，从理论上来说，所选取的指标数量越多，其反映的社会经济问题就会越全面。但是，在实际操作过程中，资料的收集和处理难度就会相应地大大增加，其操作性就会受到影响。

3.2.2 无量纲化处理指标

由于定量指标具有不同的量纲（即方向和计量单位的不同），对其进行汇总和综合评价时，势必会受到不同量纲因素的影响，所以首先需要消除各指标的量纲。消除量纲的方法有函数化处理、相对化处理、标准化处理等。对所选取的指标采用标准化处理，公式为：

$$X'_{i,j} = \frac{X_{i,j} - E(X_j)}{S(X_j)} \qquad (3-1)$$

式中，i 表示城市序号，j 表示指标序号，$X_{i,j}$ 代表被评价地区的某一指标（即第 i 个城市的第 j 个指标）的实际值；$X'_{i,j}$ 是 $X_{i,j}$ 经过标准化处理后的数值；$E(X_j)$ 和 $S(X_j)$ 分别是该指标各城市原始数值的平均数和标准差值。

3.2.3 计算欧氏距离

欧氏距离，是指区域内某一个城市各指标标准化数值与该区域内其他城市相对应的标准化数值的距离。若记 a、b 两城市之间的距离为 $D_{a,b}$，则两城市之间的欧氏距离计算公式为：

$$D_{a,b} = \sqrt{\sum_{j=1}^{n} (X'_{aj} - X'_{bj})^2} \qquad (3-2)$$

其中，X'_{aj} 为 a 城市第 j 个指标的标准化数值，X'_{bj} 为相应的 b 城市第 j 个指标的标准化数值，在本章中，j 取 1、2、3。

3.2.4　调整欧氏距离

为了便于对不同城市之间进行比较，还需要对上一步计算出来的欧氏距离进行标准化处理，以及利用城市间的地理位置对其进行加权处理等。对欧氏距离的处理公式为：

$$D' = \frac{D_i - \overline{D}}{S(D)} \tag{3-3}$$

式中，D_i 为 i 城市的欧氏距离数值，$\overline{D}$ 为各城市欧氏距离数值的平均值，$S(D)$ 为各城市欧氏距离数值的标准差。

3.2.5　判别地缘经济关系

所谓地缘经济关系的判别，是指提出判别临界区间，对某一区域内城市间的地缘经济关系进行判别。一般来说，欧氏距离调整值（即 D'）越大，表明城市之间的差异性越大，互补性越强；相反，若欧氏距离的调整值小，则表明城市间差异性较小，竞争性相应地较强。

3.3　武汉城市圈地缘经济关系的测评

根据上节所设计的测度方法，本节以武汉城市圈的中心城市武汉市为基点，对该城市圈内各城市间的地缘经济关系进行测度和评价。

3.3.1　选择指标

计算欧氏距离，首先要确定选择测度竞争性与互补性评价有关的指标。经济学理论认为，经济体间的竞争与互补关系，可以通过资源和产品的流动性来表示。资金、劳动力、原材料、消费品等要素，在市场机制下，通常是从低效率的经济体流向高效率的经济体，从而实现要素的优化配置。

为了对武汉城市圈进行较为详细的分析，根据影响经济体间距离相似性要素的重要性，以及适当考虑相关指标的可得性和可量化程度，对常用的测度地缘经济关系的相关指标进行筛选，选用最能反映地缘经济关系的主要指标。而在这些指标选定后，考虑到绝对数的大小并不能说明不同经济体间流动性的强弱，因此采用相对值。在这些原则的基础上，选择了武汉城市圈9个城市各自的三个综合性指标 X_1、X_2、X_3，来对资源和产品在经济体间的流动性进行测度，三个综合性指标的设定如下：

$$X_1 = 某城市总投资额/该城市国内生产总值$$

$$X_2 = 某城市职工工资总额/该城市国内生产总值$$

$$X_3 = 某城市农业生产总值/该城市工业生产总值$$

指标 X_1 的大小反映了投资效率的高低或资金的缺口，如果该指标数值较大，说明了投资效率较低或资金相对宽裕；而如果该指标数值较小，则表明了投资效率较高或者资金相对紧缺。

指标 X_2 的大小反映了劳动效率的高低。在这里，之所以用职工工资总额而不是职工总人数来进行计算，是因为职工工资总额包含了劳动者的数量和质量两个方面的情况，从而使得该指标能够较好地表示城市间劳动效率的高低。

指标 X_3 反映了产品资源向外城市流动的能力。由于运输成本、交易成本的存在，通常条件下，工业、农业产品都是优先满足本城市生活、生产需要以后才流向外地。该指标数值越大，表明该地区农产品相对丰富，有向外流动的要求，而工业产品则相对较少，对外有一定的需求。如果该指标数值较小，则表明了该城市工业产品相对较多，对外流动能力较强，而农产品则相对缺乏，对外需求量较大。

对地缘经济关系进行测度时，选择了武汉城市圈9个城市2013年各自的统计数据，并对各有关数据整理计算，其结果见表3-1。

表3-1　2013年武汉城市圈各城市指标数值

城市	投资效率指标 X_1	劳动效率指标 X_2	资源流动指标 X_3
武汉市	0.6631	0.1179	0.0763
黄冈市	1.0626	0.1009	0.6844
鄂州市	0.9061	0.0420	0.2093
黄石市	0.8437	0.1037	0.1362
孝感市	0.9810	0.2033	0.4034
咸宁市	1.1144	0.1108	0.3850
仙桃市	0.6084	0.0910	0.2993
天门市	0.7453	0.0913	0.3910
潜江市	0.6208	0.1211	0.2234

注：本表根据武汉城市圈9个城市2013年统计年鉴的相关数据，采用 Matlab 软件计算而得

3.3.2 标准化处理

计算出 9 个城市上述三个指标的平均数和标准差，对各城市的指标数值利用式（3-1）进行标准化处理，处理后的值分别记为 X_1'、X_2'、X_3'。通过计算，城市圈 9 个城市的三个指标 X_1'、X_2'、X_3' 的平均值分别为 0.8384、0.1091、0.3120，标准差分别为 0.1907、0.0423、0.1815，有：

$$X_{i1}' = (X_{i1} - 0.8384)/0.1907$$
$$X_{i2}' = (X_{i2} - 0.1091)/0.0423$$
$$X_{i3}' = (X_{i3} - 0.3120)/0.1815$$

式中，i 代表各城市。经过无量化处理后的各城市数值见表 3.2 中的第 2~4 列。

3.3.3 计算各城市与武汉市的欧氏距离（D_i）

根据式（3-2）计算各城市与"中心城市"武汉的欧氏距离，武汉市的三个指标标准化处理后的值依次分别为 -0.9189、0.2063、-1.2985，即：

$$D_i = \sqrt{(X_{i1}' + 0.9189)^2 + (X_{i2}' - 0.2063)^2 + (X_{i3}' + 1.2985)^2}$$

式中，i 代表各城市，计算后的 D_i 值见表 3.2 中的第 5 列。

3.3.4 欧氏距离标准化

为了便于判别，将计算出的 D_i 再次利用式（3-3）进行标准化处理，使"中心城市"武汉市与其他各城市的欧氏距离成为一个以 0 为平均数、以 1 为标准差的标准正态分布数列。标准化后的欧氏距离记为 D_i'，从表 3.2 的第 5 列可以计算出 D_i 的平均数为 1.9543，标准差为 1.2641，得：

$$D_i' = (D_i - 1.9543)/1.2641$$

经过标准化处理后的数值见表 3.2 中的第 6 列。

通常情况下，经过标准化处理后，就可以利用 D_i' 值进行地缘经济关系判别。D_i' 较大的城市（如黄冈市、孝感市）与武汉市的互补性较强，存在着互补性的地缘经济关系；相反，D_i' 较小的城市（如潜江市、黄石市）与武汉市的相似性更强一些，所以存在着竞争性地缘经济关系。

但是，由于武汉城市圈中各城市和武汉市的空间距离远近有很大的区别，这种空间距离的不等，虽然并不直接构成各城市之间地缘经济关系的基本元素，但会进一步对地缘经济产生增强或者削弱的影响。因此，空间距离因素必须予以考虑。为了体现这种空间地理位置的影响，将根据各城市距离武汉市的远近及是否直接相邻，给予各城市不同的权数值。也就是说，对与武汉市直接相邻且距离较近的黄冈市、鄂州市、孝感市、仙桃市、咸宁市等5个城市，赋予2的系数，而对于天门市、潜江市和黄石市3个与武汉市不相邻的城市，赋予1.5的权重，调整的距离结果见表3-2中的第8列。

表3-2 武汉城市圈各城市与武汉市地缘经济距离

城市	标准投资效率 X_1'	标准劳动效率 X_2'	标准资源流动 X_3'	欧氏距离 D_i	标准欧氏距离 D_i'	权重 W_i	调整距离 K_i	竞争性排序
武汉市	−0.9189	0.2063	−1.2985	—	—	—	—	—
黄冈市	1.1758	−0.1940	2.0513	3.9711	1.5954	2	3.1909	8
鄂州市	0.3551	−1.5854	−0.5658	2.3174	0.2872	2	0.5744	5
黄石市	0.0278	−0.1268	−0.9687	1.0564	−0.7103	1.5	−1.0655	2
孝感市	0.7476	2.2247	0.5035	3.1778	0.9679	2	1.9358	7
咸宁市	1.4470	0.0400	0.4020	2.9184	0.7627	2	1.5253	6
仙桃市	−1.2060	−0.4277	−0.0703	1.4117	−0.4293	2	−0.8585	3
天门市	−0.4879	−0.4200	0.4348	1.8927	−0.0488	1.5	−0.0732	4
潜江市	−1.1406	0.2829	−0.4883	0.8435	−0.8788	1.5	−1.3182	1

资料来源：根据武汉城市圈各地区统计年鉴计算整理

3.3.5 测度结果

根据表3-2中调整后的距离值，可以很明确地对武汉市与其他8个城市的地缘经济关系作出判断。根据其调整后的欧氏距离值，按其值的大小，将其分为5种类型（表3-3）。

表3-3 武汉市与其他城市间地缘经济关系

关系类型	调整的距离值	包括城市
强竞争型	$-\infty < K_i \leqslant -1.0$	潜江市、黄石市
一般竞争型	$-1.0 < K_i \leqslant -0.5$	仙桃市
竞争互补关系不明显型	$-0.5 < K_i \leqslant 0.5$	天门市
一般互补型	$0.5 < K_i \leqslant 1.0$	鄂州市
强互补型	$1.0 < K_i \leqslant \infty$	咸宁市、黄冈市、孝感市

从表3-3中不难得出以下结论：总体而言，武汉城市圈地缘经济关系比较密切，整体态势上是互补性大于竞争性，仅潜江市和黄石市与武汉市属于强竞争型的地缘经济关系。因此，加强城市之间的合作，走经济与空间协调发展的道路有良好的地缘经济关系基础。但也必须看到，由于不同城市与武汉市之间地缘经济大小的差别，各城市要密切关注这种地缘经济关系的存在及其变化，在发展各城市经济时，要审时度势，针对不同的地缘经济关系类型，采取区别对待的策略。

具体来说，对于互补性较强的城市，如咸宁市、黄冈市和孝感市等，要积极开展广泛的经济协作，主动接受武汉市的产业辐射和转移，形成武汉城市圈内合理的产业梯度结构；而对于潜江市、黄石市等竞争型的城市，一方面各城市要限制相互之间的恶性竞争，大力提倡健康的竞争方式，在竞争中提高效率和效益。同时，各城市还要尽快实现行政区经济向经济区经济的转变，主动进行经济结构的调整，做到准确定位、合理分工、加强合作、发挥优势，进一步促进武汉城市圈的和谐快速发展。

3.3.6 城市圈地缘经济矩阵

根据上述地缘经济关系的测度方法和步骤，依次以城市圈9个城市为"核心"城市，测度了该城市与其他城市的地缘经济距离，结果见表3-4。

表3-4 城市圈地缘经济距离

城市	武汉市	黄冈市	鄂州市	黄石市	孝感市	咸宁市	仙桃市	天门市	潜江市
武汉市	0	3.1909	0.5744	-1.0655	1.9358	1.5253	-0.8585	-0.0732	-1.3182
黄冈市	2.2146	0	0.711	0.7297	0.4218	-1.2143	0.6878	-0.4046	1.0303
鄂州市	0.3276	1.7231	0	-1.0882	2.5364	0.0619	-0.1846	-0.5346	0.3522
黄石市	-0.9742	3.2562	-0.269	0	1.8683	0.6355	-0.1901	-0.2402	-0.5475
孝感市	0.8464	0.3523	1.7133	0.2142	0	-0.5554	1.1452	0.3821	0.2386
咸宁市	1.9619	-0.6375	0.2132	-0.182	0.4051	0	1.1571	-0.1211	1.178
仙桃市	-0.4729	1.8668	0.3051	-0.2844	2.7432	1.2601	0	-1.5625	-1.6514
天门市	0.4776	1.2566	0.2277	-0.1787	2.3045	0.649	-1.7696	0	-0.6947
潜江市	-1.1843	2.2156	0.8233	-0.557	1.4573	1.2798	-1.6074	-0.7373	0

表3-4中横列数据表示以该城市为"核心"城市时，该城市与城市圈其他各城市间地缘经济距离，从经济距离大小可以得出该城市与其他城市间地缘经济关系竞争性和互补性的比较。如以黄冈市为例，该市与其他8个城市间地缘

关系竞争性从大到小排序依次为咸宁市、天门市、孝感市、仙桃市、鄂州市、黄石市、潜江市和武汉市。

3.4 几点说明

对于采用多元统计分析方法对地缘经济关系进行定量的测度，目前还不是很成熟，有很多地方，在应用的过程中还有几个方面需要注意。

首先，城市之间地缘经济关系中的竞争性和互补性是相对而言的，竞争性和互补性在各城市之间是同时存在的，只是当竞争性强时，互补性就显得相对较弱；而当互补性强时，竞争性也就不明显了。因此，在考虑城市间的相互关系时，这两个方面都不能忽视。

其次，本分析方法是从宏观、整体来进行的，并不能说明某些具体行业间的经济联系类型。例如，尽管武汉市和潜江市、黄石市在总体上来看是属于较强竞争型的关系，但不排除这些城市在某些领域，仍然具有较强的互补性。所以，对于具体问题还要具体来进行分析，这是在采用这种方法时尤其需要注意的。

最后，本书只是采用了三个指标。而事实上在实际的操作中，要客观、全面地反映城市间的地缘经济关系，为地方政府决策提供重要的参考依据，仅仅这三个指标是远远不够的。同时，关于指标类别的选取，也是本方法还需要进一步深入探讨的问题之一。

第 4 章
武汉城市圈空间经济差距演进

对于地区经济差距空间特征的相关研究，现有文献中运用宏观数据进行研究的大致可以分为两个方向：一方面，利用反映地区经济差距的不平等指数及其分解，来描述地区间差距的变化趋势和结构组成，并探讨造成这种局面的原因；另一方面，从产出指标（通常采用人均 GDP）和收入指标（通常采用城镇居民人均可支配收入和农村居民人均年纯收入等）两个角度，实证检验新古典经济增长理论中的收敛性（convergence）假说在各地区经济增长过程中是否成立，同时分析造成这种收敛（发散）存在的原因，并探讨实现收敛的条件。

为了对武汉城市圈空间经济发展演变有一个比较全面的认识，更深入细致地研究其增长的收敛性，本章将首先对城市圈 2000～2013 年"1+8"个城市经济增长差异的演变，从产出和收入两个角度进行考察，进而对该地区新古典经济增长理论中的收敛性是否成立进行验证。

本章将按如下顺序展开：第一部分，简要介绍研究地区经济增长差距的测度方法和数据来源及处理；第二部分，分别从产出指标和收入指标两个角度，对 21 世纪以来武汉城市圈经济增长（收入）差距的演变过程，运用宏观数据进行详细的分析；第三部分，结合该城市圈经济增长的实际情况，对武汉城市圈各地区经济增长（收入）的收敛性，分别从 δ-收敛、绝对 β-收敛和条件 β-收敛等角度进行实证检验；第四部分为结论和建议。

4.1　空间经济差距测度方法及数据处理

测算城市间空间经济差距的方法主要有绝对差距、相对差距和收敛性检验等方法：绝对差距是指某变量偏离参照值的绝对值，其主要指标有均值、标准差和极差等；与之对应，相对差距则是指某变量偏离参照值的相对值，其指标主要有极值差率、基尼系数和变异系数等；而收敛性则是指在封闭的经济条件下（事实上，现有的很多文献已经突破了早期封闭经济的范畴，开始研究在开放经济条件下的收敛性），对于一个有效经济范围的不同经济单位（国家、地区、城市乃至家庭），初期的静态指标（人均产出、人均收入）和其经济增长速度之间存在负相关关系，即落后经济体比发达经济体具有更高的经济增长率，从而导致各经济体初期的静态指标差距逐渐消失。而根据考察收敛性角度的不同，通常将其分为 δ-收敛、β-收敛（又分为绝对 β-收敛和条件 β-收敛）和俱乐部收敛三种假说。

4.1.1 绝对差距

1. 均值

均值（mean）就是算术平均数①，是数据集中趋势的最主要的测度值，如果数据为未经整理的样本数据，一般可以采用下面的公式来计算其平均值：

$$\bar{x} = \frac{x_1 + x_2 + \cdots + x_n}{n} = \frac{\sum\limits_{i=1}^{n} x_i}{n} \tag{4-1}$$

式中，$\bar{x}$ 表示样本的均值，n 表示样本单位数或样本的容量。

均值是统计学中非常重要的基础内容，从统计思想看，均值反映了一组数据的中心点或代表值，是数据误差互相抵消后客观事物的必然性数量特征的一种反映；从数学公式看，均值也有一些非常重要的数学性质。首先，数据观察值与均值的离差之和为零，即：

$$\sum_{i=1}^{n} (x_i - \bar{x}) = 0$$

该式表明数据观察值与均值的误差是可以完全抵消的；其次，数据观察值与均值的离差平方和最小，即：

$$\sum_{i=1}^{n} (x_i - \bar{x})^2 = \min(最小)$$

均值作为统计分布集中趋势的代表值，还有一个重要的性质，就是均值是统计分布的均衡点，即不论统计分布是对称分布还是偏态分布，只有在均值点上才能支撑这一分布，使其保持平衡。

---

① 通常来说，均值有算术平均值和几何平均值之分，在本章中主要采用算术平均值对经济增长差距进行描述。

2. 极差

极差（range，R）在统计学上又称全距，是指总体各单位变量的最大值与最小值之间的离差，它是数据离散或差异程度的最简单的测度值，用以说明变量的变动范围和幅度，仅考虑了数据中处于两个极端的情况。其值越大，表示产出（或收入）差距越大。计算公式如下：

$$R = \max(x_i) - \min(x_i) \tag{4-2}$$

式中，R 为极差，$\max(x_i)$ 和 $\min(x_i)$ 分别表示数据集 x_i 中的最大值和最小值。

3. 标准差

标准差（standard deviation，S）又称为均方差，是方差的正平方根，是统计中应用最广泛的一种测度变动程度的指标，同平均差一样也是反映各地区指标值与其算术平均值的偏离程度，其值越大，表示地区间人均 GDP 的绝对差异越大，其计算公式为：

$$S = \sqrt{\frac{\sum_{i=1}^{N}(x_i - \bar{x})^2}{N}} \tag{4-3}$$

式中，S 为标准差；x_i 为样本集中的数据，$\bar{x}$ 为样本集的平均值，N 为样本集的个数。

4.1.2 相对差距

1. 基尼系数

基尼系数（Gini coefficient）又称为基尼集中率，是根据洛伦兹曲线用以计算收入分布不平等程度的指数[①]。在几何图形上它所计算的就是洛伦兹曲线与绝对平均线所包围的面积[②]。

---

① 洛伦兹曲线是 20 世纪初美国经济学家、统计学家洛伦兹（Lorentz）根据意大利经济学家帕雷托（Pareto）提出的收入分配公式绘制成的描述收入和财富分配性质的曲线。

② 根据某城市某年的收入分配分组资料，将一定的人口比重所对应的收入比重在洛伦兹曲线图中描出，就可以得到该城市该年的收入分配洛伦兹曲线。从洛伦兹曲线上可以读出每个阶层的收入比重，而且从曲线的弯曲度可以观察到各个阶段的收入差别情况，从不同曲线的对比中可以得到不同城市总收入分配差别程度的比较，或同一城市不同时期的收入差别变动情况。

基尼系数的定义如下：

$$G = 1 - \left[(x_1 - x_0)(y_1 + y_0) + (x_2 - x_1)(y_2 + y_1) + (x_n - x_{n-1})(y_n + y_{n-1}) \right]$$

$$= 1 - \sum_{i=1}^{n} (X_i - X_{i-1})(Y_i + Y_{i-1}) \qquad (4\text{-}4)$$

式中，X_i 为累计人口比率，Y_i 累计产出（收入）比率。

其计算方法很多，如直接计算法、回归曲线法、人口等分法、差值法等。本章采用等分法，计算公式如下：

$$G = \alpha U_y - \beta \qquad (4\text{-}5)$$

$$\alpha = \frac{2}{n}, \ \beta = \frac{n+1}{n}$$

$$U_y = \lambda_1 y_1 + \lambda_2 y_2 + \cdots + \lambda_n y_n$$

$$y_1 \leqslant y_2 \leqslant \cdots \leqslant y_n, \ y_1 + y_2 + \cdots + y_n = 1$$

$$y_i = \frac{y_i}{\sum_{i=1}^{n} y_i} \quad (i = 1, 2, \cdots, n)$$

$$\lambda_1 = 1, \ \lambda_2 = 2, \ \cdots, \ \lambda_n = n$$

式中，λ_i 为各地区产出（收入）等级，y_i 为各地区产出（收入）比例。

基尼系数的值介于 0 ~ 1，数值越小，差异越小，反之亦然[①]。

2. 变异系数

对于不同的数据组来说，由于各自的算术平均数不同，因此单纯根据各自的标准差，则无法比较分散程度。在这种情况下，可以通过变异系数来对不同数据组的分散程度进行相对比较。

变异系数（coefficient of variation，CV_{UW}）又称离散系数或者威廉逊系数，它反映了各数据偏离均值的相对差异，即标准差与均值的比值，计算公式为

$$CV_{UW} = \frac{\sqrt{\dfrac{1}{N} \cdot \sum_{i=1}^{N} (x_i - \bar{x})^2}}{\bar{x}} \qquad (4\text{-}6)$$

4.1.3 收敛性假说

收敛性可以通过下列公式进行直观地定义，即：

---

① 一般认为基尼系数在 0.2 以下为 "高度平均"，0.2 ~ 0.3 为 "相对平均"，0.3 ~ 0.4 为 "比较合理"，0.4 ~ 0.5 为 "差异较大"，0.5 以上为 "差异悬殊"。

$$\lim_{t \to \infty} \frac{y_r(t)}{y_p(t)} = 1 \tag{4-7}$$

式中，y_r 为发达经济体的人均产出（人均收入）；y_p 为落后经济体的人均产出（人均收入）；t 为时间。

欲保证该式具有经济上的意义，假定：

（1）$y_r(0) > y_p(0) \geq 0$，且 $t < \infty$ 时总有 $y_r(t) > y_p(t)$。这就意味着落后经济体初始时的人均产出（人均收入）水平比发达经济体的要低，并总是处于追赶状态，且不考虑落后经济体超越发达经济体的情况。

（2）$\dot{y}_r > 0$。这一条件意味着发达经济体的经济增长率总是正的，排除了通过发达经济体的负增长来达到经济收敛的情况。

（3）实际上时间不可能取到无穷大，考虑到 $t \to \infty$ 的经济意义是指长期经济增长，因此在对经济收敛进行实际测度时通常取一个较长的时间段，以期反映长期经济增长。

1. δ-收敛

δ-收敛可以理解为横截面数据的收敛假说，该收敛是指不同经济体间人均产出（或人均收入）的离差随时间的推移而趋于减少的趋势，通常用变异系数来表示。

2. β-收敛

β-收敛是指初期人均产出（或人均收入）水平较低的经济体，趋于在人均产出增长率、人均资本增长率等人均项目上，比初期人均产出（或人均收入）水平较高的经济体具有更快的增长速度，即不同经济体间的人均产出增长率与初始人均产出水平负相关。而根据是否对其他变量进行控制，又可将 β-收敛区分为绝对 β-收敛和条件 β-收敛两类。

绝对 β-收敛是指每个经济体的产出都会达到完全相同的稳态增长速度和增长水平。采用 Sala-I-Martin（1995）等的相关研究，构建绝对 β-收敛基本模型，即：

$$\gamma_{i,t} = \alpha_1 + \alpha_2 \cdot \ln y_{i,0} + u_{it} \tag{4-8}$$

式中，t 表示年份，i 表示不同的地区，$y_{i,0}$ 指 i 城市初始年份的经济体产出（或收入）指标，$\gamma_{i,t}$ 为各地区考察期间产出（或收入）指标的平均增长率。初始经济增长水平的对数形式 $\ln y_{i,0}$ 的回归系数 α_2 为负就表明存在绝对 β-收敛。

与之相对，条件 β-收敛是在考虑了经济体各自不同的特征和条件后，回归系数 α_2 为负。它表示每个经济体都在向各自的稳态水平趋近，这个稳态水平依赖于经济体各自的特征，因此即使存在条件 β- 收敛也并不意味着经济体之间的绝对产出水平会趋同①。

4.1.4　数据来源及处理

本章主要使用 2000～2013 年武汉城市圈 9 个城市的相关数据，这些数据均来自各城市历年的统计年鉴或政府相关网站，少数城市部分统计缺失的数据采用趋势法等统计方法予以补齐。主要包括各城市的下列数据：人均 GDP、GDP 总量、第一产业 GDP 总量、第二产业 GDP 总量、职工人数、国有单位职工人数、农民人均年纯收入、城镇居民人均可支配收入等。

需要说明的是，由于各地区统计年鉴以及同一地区不同年份年鉴统计口径上的差异，为了保证研究的一致性和可靠性，对有些数据进行了筛选和验证，尽量选取可靠性和可比性较好的数据。

4.2　武汉城市圈城市经济差距变动趋势

对地区间经济差距变动趋势的考察指标，主要有绝对差距和相对差距，在本节中，绝对差距指标采用极差和标准差来描述，而相对差距则采用变异系数和基尼系数两个指标来描述。

4.2.1　城市经济增长差距的变动

根据收集到的数据，采用 Matlab 和 Excel 等分析软件，分别从极差、标准差、变异系数、基尼系数等方面对武汉城市圈 9 个城市的人均 GDP 差距进行考察，其结果见表 4-1。

表 4-1　武汉城市圈各城市人均 GDP 差距（2000～2013 年）

年份	最小值	最大值	均值	极差	标准差	变异系数	基尼系数
2000	4 398	15 082	6 999	10 777	3 306	0.472 4	0.211 9
2001	4 787	16 515	7 593	11 746	3 598	0.473 9	0.206 8

---

① 绝对 β- 收敛和条件 β- 收敛之间的区别，简单来说，两者都是向稳态水平的趋近，只不过前者中所有经济体的稳态水平都是相同的，而后者中经济体具有不同的稳态水平，因而前者表明所有经济体的人均经济增长水平最终会相同，而后者表明经济体之间的经济增长速度差别会持续存在。相应地，绝对 β- 收敛速度是指落后经济体的经济水平追赶富裕经济体经济水平的速度，条件 β- 收敛速度则是指经济体的经济增长趋近自身稳态水平的速度。

年份	最小值	最大值	均值	极差	标准差	变异系数	基尼系数
2002	5 008	17 971	8 267	12 963	3 974	0.480 8	0.214 7
2003	5 343	19 569	9 063	14 226	4 325	0.477 2	0.215 6
2004	5 960	23 148	10 313	17 188	5 313	0.515 2	0.235 0
2005	4 799	26 548	11 481	21 749	6 497	0.565 9	0.269 8
2006	5 376	30 921	13 231	25 545	7 545	0.570 2	0.270 0
2007	7 106	36 347	16 335	29 241	8 813	0.539 5	0.262 0
2008	9 001	46 035	20 152	37 034	11 251	0.558 3	0.267 5
2009	10 474	51 144	22 909	40 670	12 399	0.541 2	0.262 3
2010	13 421	58 961	27 193	45 540	14 144	0.520 1	0.253 1
2011	16 908	68 315	33 821	51 407	16 228	0.479 8	0.242 2
2012	19 220	79 089	38 974	59 869	18 591	0.477 0	0.239 2
2013	21 314	89 000	44 327	67 686	20 579	0.464 3	0.232 1

注：本表结果均以各城市历年人均 GDP 当年实际值计算而得

1. 人均 GDP 绝对差距分析

从表 4-1 及图 4-1 可以清晰地看出，2000～2013 年，武汉城市圈 9 城市间人均 GDP 的绝对差距呈逐年扩大的趋势，2000 年标准差值为 3306 元，而到了 2013 年，该值增加到 20 579 元。更为明显的是，从 2005 年开始，这种差距还在不断地扩大。

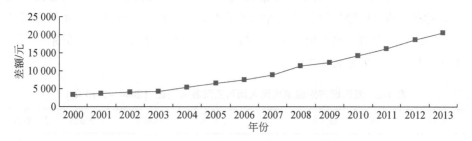

图 4-1 武汉城市圈人均 GDP 绝对差距

当然，从统计意义上考虑，标准差指标的计算受到均值变化的影响。也就是说，武汉城市圈各地区间人均 GDP 标准差的上升，部分是由于总体人均 GDP 的上涨。这样看来，用标准差等绝对差距指标对经济增长差距进行考察，就不可避免地存在着一定的误差，因此有必要通过相对差距指标的分析，对经济增长差距进行更加详细的考察。

2. 人均 GDP 相对差距分析

从表4-1和图4-2可以看出,与绝对差距指标明显不同,表征相对差距的指标,无论是变异系数还是基尼系数,在考察期间都呈现出倒U形。2000~2006年,相对差距在不断扩大,变异系数从0.4724增加到0.5702(相应地,基尼系数从0.2119扩大到0.2700),到2006年相对差距达到峰值;从2006年开始后,相对差距又开始不断减少,变异系数从2006年的峰值0.5702下降到2013年的0.4643(相应地,基尼系数则从0.27下降为0.2321)。

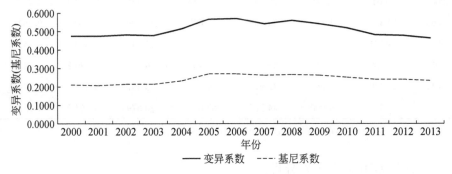

图4-2 武汉城市圈人均 GDP 相对差距

4.2.2 城镇居民人均可支配收入差距的变动

与对人均GDP差距变动的考察相同,对武汉城市圈各地区城镇居民人均可支配收入的数据经过口径统一等相关处理后,采用 Matlab 和 Excel 等分析软件,分别从最小值、最大值、均值、极差、标准差、变异系数、基尼系数等方面进行考察,结果见表4-2。

表4-2 武汉城市圈城镇居民人均可支配收入差距(2000~2013年)

年份	最小值	最大值	均值	极差	标准差	变异系数	基尼系数
2000	4410	6761	5383	2351	607	0.1128	0.0493
2001	4600	7305	5714	2705	701	0.1226	0.0545
2002	4800	7820	6226	3020	793	0.1273	0.0605
2003	5864	8525	6780	2661	763	0.1125	0.0543
2004	6075	9564	7380	3489	975	0.1321	0.0639
2005	6358	10850	8049	4492	1227	0.1524	0.0721

年份	最小值	最大值	均值	极差	标准差	变异系数	基尼系数
2006	6981	12360	8901	5379	1484	0.1668	0.0779
2007	8314	14358	10336	6044	1734	0.1677	0.0800
2008	9952	16714	11923	6762	1988	0.1667	0.0763
2009	11243	18385	13022	7142	2196	0.1686	0.0758
2010	12210	20806	14418	8596	2602	0.1804	0.0801
2011	13886	23738	16493	9852	2959	0.1794	0.0800
2012	15685	27061	18730	11376	3391	0.1810	0.0802
2013	18432	29821	20646	11389	3587	0.1738	0.0704

注：本表以各城市历年城镇居民人均可支配收入当年实际值计算而得

1. 绝对差距分析

根据表4-2的计算结果，得出武汉城市圈各城市城镇居民人均可支配收入间的绝对差距（以标准差指标来反映）的变化，即图4-3。从表4-2和图4-3中可以直观地看出，与人均GDP相似，除2003年有所下降外，2000～2013年，绝对差距都逐年增加，且从2003年开始，绝对差距指标更是呈现出加速扩大的趋势。

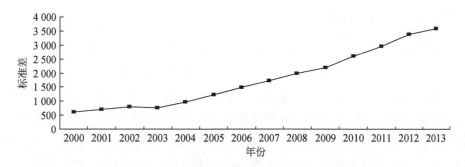

图4-3　武汉城市圈城镇居民人均可支配收入标准差变化

同样，城镇居民人均可支配收入绝对差距的变化，受均值变化的影响，因此，还是从相对差距等角度进行研究。

2. 相对差距分析

从表4-2和图4-4可以明显地看出，表征相对差距的指标，无论是变异系数还是基尼系数，在考察期间都有所波动，而且两个指标的变化趋势基本相同。

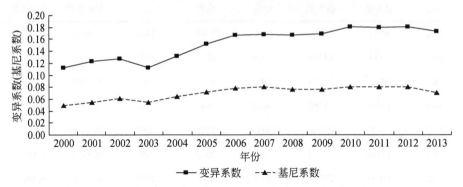

图 4-4　武汉城市圈城镇居民人均可支配收入相对差异变化

首先，从总体上看，在考察期间，城镇居民人均可支配收入的相对差异是扩大的，变异系数从 2000 年的 0.1128 上升到 2013 年的 0.1738（相应地，基尼系数从 2000 年的 0.0493 上升到 2013 年的 0.0704）；其次，相对差异在整体扩大的同时，有一定的波动性，2000~2002 年在保持缓慢的增长，2003 年出现了较大幅度的下降，达到了考察期间的最低值。2003~2006 年，收入差异快速增加，变异系数从 0.1125 增加到 0.1668。从 2007 年开始，城市圈城镇居民人均可支配收入相对差异在保持相对平稳的同时，有小幅的增加。但 2010~2013 年基本维持不变，2013 年更是有所下降。

3. 倒 U 形假说检验

西蒙·库兹涅茨（Kuznets, 1955）基于二元结构理论，提出一条简单的以推测和经验为依据的经济发展与分配差距关系假说："收入分配不平等的长期趋势可以假设为：在前工业文明向工业文明过渡的早期阶段迅速扩大，而后是短暂的稳定，然后在增长的后期阶段逐渐缩小。"也就是说，在收入水平较低的阶段，经济增长与收入分配差距扩大相伴随；当收入水平达到一定程度后，经济增长有助于缓解收入分配不平等，即在工业化过程中，分配差距会呈现出倒 U 形的变化①。

根据库兹涅茨的理论，本节对武汉城市圈 2000~2013 年城镇居民人均可支配收入的时间序列数据进行倒 U 形检验。横轴为按当年价格计算的武汉城市圈

---

① 倒 U 形假说提出后，对经济学界产生了持久的影响。众多学者采用时间序列和截面数据（也有学者采用面板数据）等方法，对其假说进行了检验。尽管对其理论的争论直到今天还在进行，但其理论本身仍然有很强的实用价值，为分析经济增长过程中居民收入差距的变动趋势和收敛条件提供了有力的帮助。

城镇居民人均可支配收入值，纵轴为可支配收入的基尼系数，绘出散点图4-5。

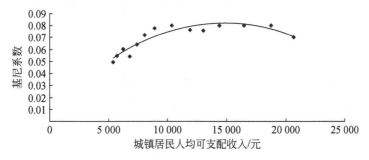

图4-5　城镇居民人均可支配收入与收入差距的关系

由图4-5中散点图的趋势线可以直观地看出，考察期间，武汉城市圈各城市间城镇居民人均可支配收入差距（以基尼系数表示）与人均可支配收入之间存在倒 U 形。

为了更详细地进行考察，进一步地采用 EVIEWS 软件对城镇居民人均可支配收入（disposable income of urban households，DIUH）与基尼系数之间进行回归，得到回归方程为：

$$GINI = -3.4 \times 10^{-10} DIUH^2 + 9.9 \times 10^{-6} DIUH + 0.0092 \qquad (4-9)$$

S. E. $(5.89 \times 10^{-11***})(1.49 \times 10^{-6***})$ (0.0082^*) $R^2 = 0.8653$

ANOVA 检验的显著水平为 $1.63 \times 10^{-5} < \alpha = 0.01$，显示基尼系数与城镇居民人均可支配收入项及其平方项之间，有明显的回归关系存在[①]。

进一步地，从回归结果看，回归方程是一个典型的二次函数，因此从数学的角度，可以找出该二次函数的对称轴，来判断武汉城市圈随着城镇居民人均可支配收入水平的不断提高，城市间居民收入差异变化的趋势。通过计算，该二次函数对称轴对应的城市圈城镇居民人均可支配收入值为 14 559 元。而 2011 年城市圈人均城镇居民可支配收入达到 16 493 元，已经超过了对称轴对应的 14 559 元的水平。因此，可以预计，在未来，随着城市圈城镇居民人均可支配水平的不断提高，城市间的基尼系数值将不断下降，也就是说各城市间的收入差距将不断缩小。

4.2.3　农民人均年纯收入差距的变动

与对武汉城市圈城镇居民人均可支配收入差距的考察一样，接下来将对

①　*、**、***分别表示在10%、5%、1%水平上显著，下同。

武汉城市圈农村居民人均年纯收入进行考察。首先，对收集的各个城市的相关数据经过口径统一等处理，采用 Matlab 和 Excel 等分析软件，分别从最小值、最大值、均值、极差、标准差、变异系数、基尼系数等方面进行计算，结果见表4-3。

表4-3　武汉城市圈农民人均年纯收入差距（2000～2013年）

年份	最小值	最大值	均值	极差	标准差	变异系数	基尼系数
2000	2 052	2 953	2 434	901	340	0.139 7	0.073 2
2001	2 083	3 100	2 515	1 017	378	0.150 2	0.078 7
2002	2 131	3 295	2 616	1 164	411	0.157 2	0.082 3
2003	2 204	3 497	2 746	1 293	441	0.160 7	0.084 6
2004	2 485	3 955	3 081	1 470	475	0.154 1	0.081 2
2005	2 644	4 341	3 310	1 697	545	0.164 5	0.086 2
2006	2 861	4 748	3 642	1 887	578	0.158 8	0.082 9
2007	3 295	5 371	4 193	2 076	613	0.146 3	0.076 2
2008	3 744	6 349	4 838	2 605	722	0.149 2	0.075 0
2009	4 130	7 161	5 408	3 031	838	0.155 0	0.078 0
2010	4 634	8 295	6 239	3 661	1 022	0.163 8	0.083 6
2011	5 438	9 814	7 374	4 376	1 225	0.166 2	0.084 9
2012	6 142	11 900	8 495	5 758	1 587	0.186 9	0.092 3
2013	6 966	12 713	9 675	5 747	1 658	0.171 3	0.089 1

注：本表结果均以各城市历年农民人均年纯收入当年实际值计算而得

1. 绝对差距分析

根据表4-3的计算结果，通过 Excel 绘出武汉城市圈农民人均年纯收入之间的绝对差异（以标准差指标来反映）的变化，即图4-6。

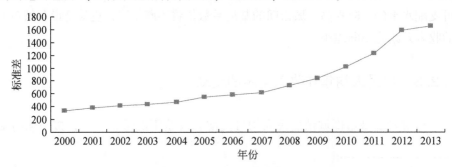

图4-6　武汉城市圈农民人均年纯收入绝对差距

从表 4-3 和图 4-6 中可以直观地看出，整体而言，考察期间城市圈各城市间农村人均年纯收入间的绝对差距是在不断扩大的。其中 2000～2007 年，绝对值增加的幅度较小；而从 2007 年开始，其差距增加值开始加大。

同样，由于绝对差距指标存在统计意义上的误差，因此，接下来将通过相对差距指标的分析，对城市圈农民人均年纯收入差距进行更加详细地考察。

2. 相对差距分析

从表 4-3 和图 4-7 可以很明显地看出，与绝对差距值考察期间一直不断增加相比，表征相对差距的指标，无论是变异系数还是基尼系数，在考察期间的变化都有较大的波动。

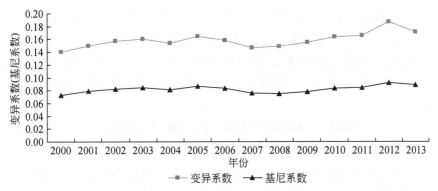

图 4-7　武汉城市圈农民人均年纯收入相对差距

首先，从总体上看，在考察期间，城市圈各城市间农民人均年纯收入的相对差距在扩大，其变异系数从 2000 年的 0.1397 上升到 2013 年的 0.1713（相应地，基尼系数从 0.0732 上升到 0.0891）；其次，考察期间的不同阶段，其差距的变化趋势有所差异。2000～2003 年，其相对差距在逐年扩大，变异系数从 0.1397 上升到 0.1607。2004～2007 年，其相对差距则趋于减小，变异系数从 0.1541 下降到 0.1463。2008～2012 年，其相对差距则又开始逐年增加，从 0.1492 上升到 2012 年的峰值 0.1869。而相对于 2012 年的数值，2013 年又开始有所下降。

3. 倒 U 形假说检验

同样，在本节中仍然将根据库兹涅茨的相关理论，对武汉城市圈各城市 2000～2013 年农民人均年纯收入的时间序列数据进行倒 U 形检验。横轴为按当年价格计算的城市圈农民人均年纯收入，纵轴为年纯收入的基尼系数，绘出散点图 4-8。

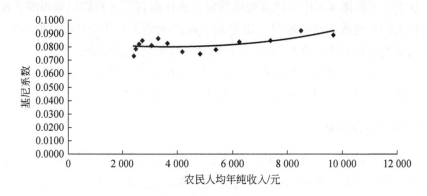

图4-8　武汉城市圈农民人均年纯收入与收入差距

由图4-8可以看出，城市圈各城市间农民人均年纯收入差距（以基尼系数表示）与人均年纯收入之间不存在倒U形。

为了更详细地进行考察，采用EVIEWS软件对农民人均年纯收入（net income of rural households，NIRH）与基尼系数之间进行回归，得到如下回归方程：

$$GINI = 3.44 \times 10^{-10} NIRH^2 - 2.6 \times 10^{-6} NIRH + 0.085 \qquad (4-10)$$

$$S.E. \ (2.61 \times 10^{-10}) (3.04 \times 10^{-6}) \quad (0.0075^{***}) \quad R^2 = 0.445$$

从回归结果来看，城市圈各城市间农民人均年纯收入差距与人均年纯收入之间不存在倒U形关系，即NIRH的二次项的系数不为负数。同时，回归的结果中，农民人均年纯收入无论是二次项还是一次项的结果都未能通过t显著性检验。

4.3　武汉城市圈经济增长收敛性检验

收敛假说是经济增长检验的核心之一。该假说的实证检验所关心的问题是：经济增长是否存在新古典增长模型中所预言的"稳态"和"条件收敛"，或者存在新增长理论所描述的情形，即没有所谓的"稳态"，经济体初始条件的变化将对经济增长产生长远的影响，没有什么机制能够保证各经济体间的经济增长趋于收敛。

如前所述，传统的新古典经济增长理论中收敛性文献通常包括三种收敛类型，即δ-收敛、β-收敛（包括绝对β-收敛和条件β-收敛）、俱乐部收敛。本节考察武汉城市圈各城市间经济增长和收入的差异性，因此接下来将对城市圈各城市间经济增长和收入差异的δ-收敛和β-收敛进行相关检验，以判断在城市圈各城市间经济增长和收入分配等方面是否存在新古典经济增长理论的收敛性假定。

4.3.1 经济增长的收敛性分析

1. δ-收敛检验

所谓 δ-收敛，是指不同经济体间人均产出（收入）的离差随时间的推移而趋于减少的现象。存在 δ-收敛表明经济体间的经济增长（收入）水平随时间越来越接近，产出（收入）差距逐渐减少。如上所述，对经济体间经济增长（收入）δ-收敛的检验，通常采用变异系数。

从表 4-1 和图 4-2 中的变异系数的变化可以看出，武汉城市圈各城市间人均 GDP 的变异系数值从 2000 年的 0.4727 下降到 2013 年的 0.4643，总体上考察期间该指标是减少的，存在着 δ-收敛。而从过程来看，不同阶段该指标的变化幅度和方向存在较大的差异，因此还要结合其他的收敛性分析结果来进行综合考察判断。

2. β-收敛检验模型的构建

β-收敛是指初期人均产出（收入）水平较低的经济体，趋于在人均产出（收入）增长率、人均资本增长率等人均项目上，比初期人均产出（收入）水平较高的经济体具有更快的增长速度，即不同经济体间的人均产出（收入）增长率与初始人均产出（收入）水平负相关。

β-收敛检验的方程为

$$\gamma_{i0,t} = \alpha + \beta \ln y_{i,0} + \mu_{i,t}$$

式中，$\gamma_{i0,t}$ 表示第 i 个经济体从研究初始至 t 年人均 GDP 的年平均增长率，其计算方法为 $\gamma_{i0,t} = \ln\left(\dfrac{y_{i0,t}}{y_{i,0}}\right)$；$y_{i,0}$ 为经济体 i 初始年份的人均 GDP 值；$\mu_{i,t}$ 为扰动项，反映了生产函数、储蓄率等受到的暂时性冲击，通常假定该值在不同经济体间是独立发布的，其均值为 0。

考察 β-收敛即判定 β 的正负符号：如果回归方程中 β 小于 0，则经济体间经济增长存在 β-收敛，β 值越小则收敛性越强；而当该值大于 0 时，则不存在 β-收敛，经济体间经济增长趋于发散。

而根据是否对其他变量进行控制，又可将 β-收敛区分为绝对 β-收敛和条件 β-收敛两类，即如果回归方程不受是否加入其他经济变量的影响，均

表现为 $\gamma_{i0,t}$ 与 $\ln y_{i0,t}$ 之间的负相关，则是绝对 β-收敛；而如果只有在加入其他经济变量之后，回归方程的结果才能得到负相关关系，则认为是条件 β-收敛。

进一步，结合本书的实际，绝对 β-收敛的考察，是指武汉城市圈各城市间的人均 GDP 水平不受各城市初始条件等外在经济变量的影响，都会达到完全相同的稳态增长速度和增长水平。依然采用 Sala-I-Martin（1995）等的经典研究，构建绝对 β-收敛基本模型，即：

$$\gamma_{i0,t} = \alpha_1 + \alpha_2 \cdot \ln y_{i,0} + u_{i,t} \tag{4-11}$$

式中，t 表示年份，i 表示不同的城市，$y_{i,0}$ 指 i 城市初始年份（2000 年）的人均 GDP，$\gamma_{i0,t}$ 为各城市 2000 ~ 2013 年人均 GDP 的平均增长率。初始经济增长水平的对数形式 $\ln y_{i,0}$ 的回归系数 α_2 为负就表明各城市间人均 GDP 存在绝对 β-收敛。

条件 β-收敛则是在考虑了武汉城市圈各城市间不同的经济特征和条件后，判定回归系数 α_2 是否为负。如果为负，则表示城市圈各个城市的人均 GDP 值都在向各自的稳态水平趋近，但与绝对 β-收敛不同，这个稳态水平依赖于各城市的经济特征。因此，即使存在条件 β-收敛，也并不意味着城市圈各城市间人均 GDP 的绝对产出水平会收敛。

本节将利用武汉城市圈 2000 ~ 2013 年的相关数据，对各城市间人均国内生产总值增长的条件 β-收敛进行检验，结合武汉城市圈经济增长的实际，在绝对 β-收敛方程的基础上，加入一些影响经济增长的控制变量，即除了对城市虚拟变量进行了控制之外，还控制可能影响到经济增长收敛的主要结构因素，即在式（4-11）的基础上，加入不同的结构变量 S。在本节中，模型采用面板数据进行分析，由于可能产生异方差性和系列相关性并导致最小二乘法的失效，因此采用似然不相关回归（seemingly unrelated regression，SUR）方法进行检验，以消除异方差性和系列相关性的影响。

估算中将主要对武汉城市圈考察初期产业结构和产权结构对收敛性的影响进行考察，即采用 2000 年各城市的第一产业产值占 GDP 比例（S_1）、国有企业职工占总人口比例（S_2）、第二产业产值占 GDP 比例（S_3）对回归方程进行估算。得到新的方程。

$$\text{模型 I：} \gamma_{i,t} = \alpha_1 + \alpha_2 \cdot \ln y_{i,0} + \varphi_1 \cdot S_1 + u_{it} \tag{4-12}$$

$$\text{模型 II：} \gamma_{i,t} = \alpha_1 + \alpha_2 \cdot \ln y_{i,0} + \varphi_1 \cdot S_1 + \phi_2 \cdot S_2 + u_{it} \tag{4-13}$$

$$\text{模型 III：} \gamma_{i,t} = \alpha_1 + \alpha_2 \cdot \ln y_{i,0} + \varphi_1 \cdot S_1 + \phi_2 \cdot S_2 + \phi_3 \cdot S_3 + u_{it} \tag{4-14}$$

式中，S_1、S_3 是常见的结构性指标，反映了武汉城市圈各城市间经济结构的差异，也包含了反映城市经济发展程度的信息（即通常来说，第二产业所占比例越大，其经济发展程度越高）；S_2则是反映产权的特殊指标，是国有产权在全部经济中的比例，代表各城市产权结构的差异，包含了反映经济制度转型特征的信息。

3. β-收敛检验

本节将在上述构建的 β-收敛检验模型的基础上，分别从绝对 β-收敛、条件 β-收敛检验的角度，对武汉城市圈各城市间人均 GDP 增长进行检验。

1）绝对 β-收敛检验

对绝对 β-收敛的考察，首先可以对武汉城市圈初期（即 2000 年）人均 GDP 和 2000~2013 年的人均 GDP 年增长率之间的散点图做分析。图 4-9 绘出了 2000~2013 年，武汉城市圈各城市间人均 GDP 的绝对 β-收敛散点分布情况，其中纵轴是各城市人均 GDP 的平均增长率[①]，横轴为各城市初始年份的人均 GDP 值。

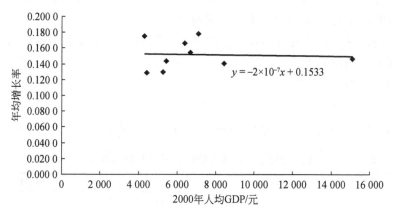

图 4-9　绝对 β-收敛图示

从散点分布及趋势线回归方程可以看出，2000~2013 年，武汉城市圈各城市间人均 GDP 初值与年均增长率之间负相关，初步可以得出各城市间经济增长存在绝对 β-收敛的结论。

为了进一步地进行分析，应用上述构建的计量模型式（4-11）进行绝对 β-收敛量化检验。

依据式（4-11），对武汉城市圈各城市间人均 GDP 的增长率对初期人均 GDP（采用人均 GDP 的自然对数值指标）进行回归（数据见表 4-4）。

[①]　在计算人均 GDP 年均增长率时，采用几何平均值来测度，下同。

表 4-4　武汉城市圈人均 GDP 及其年均增长水平（2000～2013 年）

城市	初期人均GDP 对数值	平均增长率/%	城市	初期人均GDP 对数值	平均增长率/%
武汉	9.621	14.63	咸宁	8.368	17.53
黄冈	8.389	12.95	仙桃	8.804	14.08
鄂州	9.08	15.49	天门	8.598	17.85
黄石	9.04	14.39	潜江	8.761	12.91
孝感	8.567	16.6			

注：本表根据各城市历年统计数据采用 Matlab 软件计算而得

根据表 4-4 中的数据，对式（4-11）进行回归分析，结果如下：

$$\gamma = 25.192\,15 - 1.1397 \cdot \ln y_{i,0} \tag{4-15}$$

$$\text{S. E.}\quad (14.934\,73^*)(1.6950)\quad R^2 = 0.061$$

可以看出，实证中回归方程不够理想。首先，其判定系数只有 0.061，模型的解释力极其有限；其次，回归方程中，尽管自变量的系数 -1.1397 为负数，表明存在绝对 β-收敛，但其未能通过 t 检验。

因此，通过对其进行实证，发现在考察期间，武汉城市圈各城市间人均 GDP 不存在绝对 β-收敛。

2）条件 β-收敛检验

按照上述构建的式（4-12）～式（4-14），对 2000～2013 年武汉城市圈各城市间人均 GDP 是否存在条件 β-收敛进行检验，结果见表 4-5。

表 4-5　武汉城市圈经济增长条件 β-收敛检验（2000～2013 年）

项目	模型Ⅰ	模型Ⅱ	模型Ⅲ
常数项 α_1	75.928 67 (28.276 05)	73.881 3 (26.529 01)	113.380 6 (49.925 67)
α_2	-6.343 28 (2.962 896)	-5.654 91 (2.721 38)	-8.300 06 (3.012 467)
S_1	-0.216 13 (0.108 055)	-0.169 78 (0.106 831)	-0.389 14 (0.217 548)
S_2		-0.070 17 (0.041 756)	-0.082 06 (0.053 894)
S_3			0.249 88 (0.106 268)
R^2	0.436 45	0.587 954	0.662 304
Adj R^2	0.248 6	0.340 726	0.324 608

注：本表的估计均采用 E-VIEWS 软件包完成，表中括号内的数值为标准误差统计值

从表4-5的结果可以看出，三个模型的判定系数的拟合性较为满意，模型有一定的解释力，大多模型的变量都通过了显著性检验，且各模型的 α_2 值均为负，因此从检验结果可以判定武汉城市圈各城市间经济增长差距存在显著的条件 β-收敛。具体可以得出如下结论：

首先，在模型Ⅰ中，初期GDP对数值的系数为−6.343 28，表明了收敛性的存在。而第一产业产值比例占GDP比例的系数为负，证明其与各城市经济增长之间存在负相关关系，是影响该地区各城市经济增长差距的重要因素之一。

其次，与模型Ⅰ相同，模型Ⅱ检验的结果同样证明了条件 β-收敛的存在。在加入了反映产权结构的控制变量后，其系数值为负，表明国有企业职工占总人数的比例越高，其经济增长率就越低。

最后，模型Ⅲ在模型Ⅱ的基础上，加入了第二产业占GDP比例这一反映经济结构的变量，结果表明收敛性仍然存在。而第二产业占GDP比例的回归系数为正，表明随着第二产业占GDP比例的提高，城市圈经济增长率会相应地增加。

4.3.2　城镇居民人均可支配收入差距的收敛性分析

1. δ-收敛检验

与上节类似，对城镇居民人均可支配收入差距检验，从表4-2中变异系数栏可以看出，在考察期间，城镇居民人均可支配收入的变异系数从2000年的0.1128上升到2013年的0.1738，表明在考察期间城市圈城镇居民人均可支配收入指标不存在 δ-收敛，而是表现为 δ-发散。但在 δ-发散的大背景下，部分年份的变异系数有所波动，表现出收敛与发散交替出现的特征。

2. β-收敛检验模型的构建

与经济增长 β-收敛性检验相同，对城镇居民人均可支配收入绝对 β-收敛检验，还是采用 Sala-I-Martin 等的相关研究，构建绝对 β-收敛基本模型，即

$$\gamma_{i,t} = \alpha_1 + \alpha_2 \cdot \ln y_{i,0} + u_{it} \tag{4-16}$$

式中，t 表示年份，i 表示不同的城市，$y_{i,0}$ 指 i 城市初始年份（2000年）的城镇居民人均可支配收入，$\gamma_{i,t}$ 为各城市2000~2013年人均可支配收入的几何平均增长率。初始可支配收入水平的对数形式 $\ln y_{i,0}$ 的回归系数 α_2 为负就表明存在绝对 β-收敛。

条件 β-收敛在绝对 β-收敛方程的基础上，加入一些影响城镇居民人均可

支配收入的控制变量。如前所述，由于现有文献对城镇居民人均可支配收入差距的研究较少，同时鉴于数据的可获取性，在确定影响武汉城市圈城镇居民可支配收入差距的因素时，主要从各城市经济结构和产权结构的角度进行考虑。

模型的估算主要就产业结构和产权结构对收敛性的影响进行考察，即采用初始年份城市圈各城市第二产业产值占 GDP 比例（S_1）、第三产业产值占 GDP 比例（S_2）、国有单位职工占总人口比例（S_3）等三个影响变量进行估计。得到新的方程。

模型Ⅰ：$\gamma_{i,t}=\alpha_1+\alpha_2 \cdot \ln y_{i,0}+\varphi_1 \cdot S_1+u_{it}$ （4-17）

模型Ⅱ：$\gamma_{i,t}=\alpha_1+\alpha_2 \cdot \ln y_{i,0}+\varphi_1 \cdot S_1+\phi_2 \cdot S_2+u_{it}$ （4-18）

模型Ⅲ：$\gamma_{i,t}=\alpha_1+\alpha_2 \cdot \ln y_{i,0}+\varphi_1 \cdot S_1+\phi_2 \cdot S_2+\phi_3 \cdot S_3+u_{it}$ （4-19）

方程中，S_1、S_2 是常见的结构性指标，反映了武汉城市圈各城市经济结构的差异，也包含反映城市经济发展程度的信息；S_3 则是反映产权的特殊指标，是国有产权在全部经济中的比例，代表各城市产权结构的差异，包含反映经济制度转型的信息。

3. β-收敛检验

在上述构建的 β-收敛检验模型的基础上，分别从绝对 β-收敛、条件 β-收敛检验的角度，对武汉城市圈各城市间城镇居民人均可支配收入的增长差距进行检验。

1）绝对 β-收敛检验

对绝对 β-收敛的考察，首先可以对武汉城市圈各城市初期城镇居民人均可支配收入和 2000～2013 年的人均收入年增长率之间的散点图进行分析。图 4-10 绘出了 2000～2013 年，武汉城市圈城镇居民人均可支配收入的绝对 β-收敛情况。其中，纵轴是该地区城镇居民人均可支配收入的平均年增长率，横轴为该地区初始年份（2000 年）的城镇居民人均可支配收入。

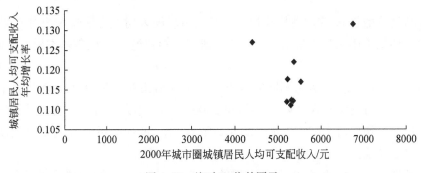

图 4-10 绝对 β-收敛图示

从图 4-10 中可以直观地看出，初始年份城镇居民人均可支配收入与考察期间平均年增长率之间不存在负相关关系，这就表明武汉城市圈城镇居民人均可支配收入间不存在绝对 β- 收敛。

为了进一步进行分析，应用上述构建的计量模型式（4-16）进行绝对 β-收敛的量化检验。并对武汉城市圈各城市城镇居民人均可支配收入的年增长率（采用几何平均法计算而得）对初期人均可支配收入（采用可支配收入的自然对数值指标）进行回归（数据见表 4-6）。

表 4-6　武汉城市圈城镇居民人均可支配收入及其年均增长水平（2000~2013 年）

城市	初期人均可支配收入对数值	年均增长率/%	城市	初期人均可支配收入对数值	年均增长率/%
武汉	8.818 9	13.16	咸宁	805 562	11.77
黄冈	8.391 6	12.70	仙桃	8.577 2	11.24
鄂州	8.620 1	11.69	天门	8.573 8	11.20
黄石	8.587 5	12.22	潜江	8.585 2	11.23
孝感	8.559 5	11.77			

注：本表根据各城市历年统计数据采用 Matlab 软件计算而得

根据表 4-6 中的数据，对方程式（4-16）进行回归分析，结果如下：

$$\gamma = 11.901\ 25 - 1.6 \times 10^{-7} \ln y_{i,0} \tag{4-20}$$

S. E. $(0.259\ 311^{***})(9.6 \times 10^{-7})$ 　$R^2 = 0.004\ 05$

从方程回归总体来看，结果不甚理想，回归判定系数只有 0.004 05，方程的解释能力有限。尽管初始对数值的系数为负值，但该指标未能通过 t 检验。因此，可以看出，2000~2013 年，武汉城市圈各城市城镇居民人均可支配收入间不存在绝对 β- 收敛。

2）条件 β- 收敛检验

按照上述构建的 3 个 β- 收敛检验方程，对 2000~2013 年武汉城市圈各城市城镇居民人均可支配收入的条件 β- 收敛进行检验，结果见表 4-7。

表 4-7　城镇居民人均可支配收入条件 β- 收敛检验（2000~2013 年）

项目	模型 Ⅰ	模型 Ⅱ	模型 Ⅲ
常数项 α_1	12.329 1 ***	8.899 2 ***	9.084 5 ***
	(1.826 2)	(2.200 2)	(3.571 3)
α_2	-2.2×10^{-7}	8.37×10^{-8}	7.75×10^{-8}
	(1.7×10^{-6})	(8.09×10^{-7})	(9.37×10^{-7})

项目	模型 I	模型 II	模型 III
S_1	-1.0201	-5.709 2*	-5.631 2*
	(4.255 0)	(4.098 1)	(4.654 2)
S_2		15.075 6**	14.314 1*
		(7.270 2)	(11.568 2)
S_3			-0.671 83***
			(0.269 4)
R^2	0.013 5	0.469 6	0.470 7

注：本表的估计均采用 E-VIEWS 软件包完成，表中括号内的数值为标准误差统计值

表4-7 中三个回归方程，相对于绝对 β-收敛的检验模型，其判定系数都有所增加，拟合性大为提高。

首先，在模型 I 中，尽管初期城镇居民人均可支配收入对数值的系数为负，但其未能通过 t 检验，同时表征经济结构变量的 S_1 也未能通过检验，因此该模型无法断定是否存在条件 β-收敛。

其次，模型 II 检验的结果同样不能证明条件 β-收敛的存在。但在加入了第三产业产值占 GDP 比例变量后，S_1 和 S_2 均通过了 t 检验，第二产业占 GDP 比例的增加会导致城镇居民人均可支配收入增长速度的减缓。而与之相反，第三产业占 GDP 比例的增加则会增加城镇居民可支配收入的增长速度。这种结果的可能解释在于，武汉城市圈大多城市属于传统的重工业城市，近年来其工业企业的利润不高，工业产值占 GDP 比例的增加未能相应地带来城镇居民收入的增长。而相应的，第三产业产值比例的增加，则会给广大城镇居民人均可支配收入带来增长。

最后，模型 III 在模型 II 的基础上，加入了反映产权结构的控制变量 S_3（国有单位职工占总人口比例），而其系数值为负，说明国有单位职工占总人口比例的增加，会使得该城市圈城镇居民人均可支配收入的年均增长率下降。

4.3.3　农民人均年纯收入差距的收敛性分析

1. δ-收敛检验

从表4-3 和图4-7 中的变异系数的变化可以看出，武汉城市圈各地区农民人均年纯收入变异系数值从 2000 年的 0.1397 上升到 2013 年的 0.1713，这就

表明武汉城市圈在考察期间农民人均年纯收入不存在 δ-收敛。但在总体不存在收敛的情况下，各地区农民人均年纯收入差异变动有所波动，总的来看，近年来，各地区农民收入差距有所扩大，表现为人均年纯收入发散的趋势。

2. β-收敛检验模型的构建

同样，和对城镇居民人均可支配收入差距收敛性的考察类似，构建绝对 β-收敛基本模型，即：

$$\gamma_{i,t} = \alpha_1 + \alpha_2 \cdot \ln y_{i,0} + u_{it} \tag{4-21}$$

式中，t 表示年份，i 表示不同的城市，$y_{i,0}$ 指 i 城市初始年份（2000 年）的人均年纯收入，$\gamma_{i,t}$ 为各城市 2000~2013 年人均年纯收入的平均增长率。初始收入水平的对数形式 $\ln y_{i,0}$ 的回归系数 α_2 为负就表明存在绝对 β-收敛。

利用武汉城市圈 2000~2013 年的数据，对各城市间农民人均年纯收入的条件 β-收敛进行检验，本节在绝对 β-收敛方程的基础上，加入一些影响农民人均年纯收入的控制变量。对于影响农村居民收入差距的因素，不同学者有不同的看法。马九杰（2001）认为农业、农村产业结构变化是农民收入差距变大的一个重要原因。赵人伟和李实（1999）认为收入分配及其变化更多地表现为制度变迁和经济发展的结果，也就是制度变化因素和经济发展因素构成收入分配格局及其变化的直接和间接决定因素。这里的制度变化因素主要是考虑经济改革和体制的变化，以及经济政策的变化。由于武汉城市圈各城市间农村经济政策的差别不大，而且考虑到数据收集的可靠性，因此在对条件变量进行控制时，主要考虑经济结构（产业结构）对条件收敛的影响，即在方程式（4-18）的基础上，加入经济结构变量 S。

估算主要就产业结构对收敛性的影响进行考察，即采用第一产业产值占 GDP 比例（S_1）、第二产业产值占 GDP 比例（S_2）进行估计，得到新的方程：

$$模型 \ I : \gamma_{i,t} = \alpha_1 + \alpha_2 \cdot \ln y_{i,0} + \varphi_1 \cdot S_1 + u_{it} \tag{4-22}$$

$$模型 \ II : \gamma_{i,t} = \alpha_1 + \alpha_2 \cdot \ln y_{i,0} + \varphi_1 \cdot S_1 + \phi_2 \cdot S_2 + u_{it} \tag{4-23}$$

3. β-收敛检验

本节将在上述构建的 β-收敛检验模型的基础上，分别从绝对 β-收敛、条件 β-收敛检验的角度，对武汉城市圈各城市间农民人均年纯收入的增长差距进行检验。

1）绝对 β-收敛检验

对绝对 β-收敛的考察，首先可以从武汉城市圈初期农民人均年纯收入和 2000~2013 年的人均收入年增长率之间的散点图进行分析。图 4-11 绘出了

2000～2013 年，武汉城市圈农民人均年纯收入的绝对 β-收敛情况。其中，纵轴是该地区农民人均年纯收入的平均年增长率，横轴为该地区初始年份（2000年）的农民人均纯收入。

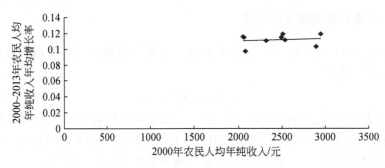

图 4-11　绝对 β-收敛图示

可以看出，2000～2013 年，武汉城市圈农民人均年纯收入间不存在绝对β-收敛，表现出发散的趋势。

为了进一步进行分析，应用上述构建的计量模型式（4-18）进行绝对β-收敛的量化检验。对武汉城市圈各城市农民人均年纯收入的年增长率（采用几何平均法计算而得）对初期人均纯收入（采用人均纯收入的自然对数值指标）进行回归（数据见表 4-8）。

表 4-8　农民初期人均年纯收入及年均增长率（2000～2013 年）

城市	初期人均年纯收入对数值	年均增长率/%	城市	初期人均年纯收入对数值	年均增长率/%
武汉	7.990 6	11.88	咸宁	7.626 6	11.53
黄冈	7.639 6	9.75	仙桃	7.970 7	10.31
鄂州	7.820 0	11.47	天门	7.828 4	11.88
黄石	7.632 9	11.49	潜江	7.840 3	11.13
孝感	7.747 6	11.03			

注：本表根据各城市历年统计数据采用 Matlab 软件计算而得

根据表 4-8 中的数据，对方程式（4-18）进行回归分析，结果如下：

$$\gamma = 4.489\ 537 + 0.856\ 876 \ln y_{i,0} \tag{4-24}$$

S. E.　（15.014 91）（1.927 555）　$R^2 = 0.027\ 456$

回归方程 4-21 回归结果很不理想，拟合性较差，且变量未能通过 t 值检验。因此，从初步回归结果看不出武汉城市圈各城市间存在农民人均年纯收入收敛。

2）条件β-收敛检验

按照上述构建的式（4-19）和式（4-20），对2000～2013年武汉城市圈各城市农民人均年纯收入的增长进行条件β-收敛检验，结果见表4-9。

表4-9　农民人均年纯收入的条件β-收敛检验（2000～2013年）

项目	常数项 α_1	α_2	S_1	S_2	R^2	Adj R^2
模型Ⅰ	16.030 25 *	−0.463 32	−5.444 27 *		0.480 4	0.307 2
	(12.883 29)	(1.627 568)	(2.380 41)			
模型Ⅱ	8.384 06	0.052 244	−9.735 4 **	6.269 46 **	0.509 4	0.215 1
	(19.645 3)	(1.975 106)	(4.606 33)	(3.115 43)		

注：本表的估计均采用E-VIEWS软件包完成，括号内的数值为标准误差统计值

从表4-9的结果可以看出，模型Ⅰ中初始年份农民人均年纯收入对数值的系数为负值，但未能通过 t 值检验，模型Ⅱ的值为正，也同样未能通过检验。因此，实证结果表明，武汉城市圈各城市间农民人均年纯收入间不存在显著的条件β-收敛。

进一步地，无论是模型Ⅰ还是模型Ⅱ，经济结构变量 S_1 都通过了显著性检验，且其值均为负，这表明随着第一产业产值占GDP比例的增加，农民人均年纯收入的增长速度反而放缓。这一结果与预期不一致，但也从一个侧面反映了当前武汉城市圈农业发展的现状，即广大农民的收入未能随着农业的发展而增加，农民没有从农业发展中获得相应的回报。在模型Ⅱ中，加入第二产业占GDP比例这一经济结构变量后，模型的拟合性有所提高。其实证系数为正表明，与第一产业占GDP比例变化对农民纯收入增长的影响相反，随着第二产业在国民经济比例的不断增加，其对农民年纯收入的增长也有很大的帮助，即随着第二产业的不断发展，农民收入也相应地提高。一方面，随着工业的不断发展，众多农地（尤其是城市周边地区）被置换为工业用地，广大农民通过土地置换获得了一定的收入补偿；更为重要的是，随着工业企业（包括近年来武汉城市圈众多的涉农加工制造企业）的快速增加，越来越多的农民开始选择进厂从事工业生产，这就极大地增加了农民的收入。

4.4　本章小结

在本章中，采用2000～2013年武汉城市圈各地区的数据，分别从经济增长、城镇居民人均可支配收入以及农民人均年纯收入等多个角度，对武汉城市圈地区间经济增长和收入增长的差距进行了全方位的分析：首先利用反映地区

经济增长差距的指数，描述了该城市圈地区间差距变化的趋势，然后在此基础上，实证检验了新古典经济增长理论中的收敛性假说。本节实证研究主要得出如下结论：

首先，人均GDP、城镇居民人均可支配收入和农民人均年纯收入三项指标的绝对差距，在考察期间都是扩大的。而且城镇居民人均可支配收入和农民人均年纯收入两项指标的相对差距在考察期间都是扩大的，反映了武汉城市圈各城市间无论是城镇居民还是农民，其收入的相对差距是在不断扩大的。从两项指标的数值来看，城镇居民可支配收入相对差距的增加幅度要远大于农民人均年纯收入。

其次，在考察期间，城镇居民人均可支配收入通过了库兹涅茨倒U形检验，而农民人均年纯收入指标曲线则不存在倒U形。

最后，人均GDP、城镇居民人均可支配收入和农民人均年纯收入三个指标，都未能通过绝对β-收敛检验，这表明在武汉城市圈各城市间，上述三个指标间不存在绝对β-收敛；在加入相应的经济结构变量和产权结构控制变量后，人均GDP指标间存在条件收敛，且第一产业占GDP比例和国有企业职工占全体职工比例两指标的回归系数为负，而第二产业占GDP比例指标的回归系数为正，对城市圈人均GDP增长有正向作用。这些结论，与现有大多文献的研究结果相符，也反映了当前武汉城市经济增长的实际情况；而与人均GDP指标相反，城镇居民人均可支配收入和农民人均年纯收入的实证检验，都表明当前武汉城市圈都不存在条件β-收敛。进一步加入经济结构和产权结构控制变量后，在城镇居民人均可支配收入指标方面发现：第二产业占GDP比例的增加会导致城镇居民人均可支配收入增长速度减缓；而与之相反，第三产业占GDP比例的增加则会增加城镇居民可支配收入的增长速度。这种结果的可能解释在于，武汉城市圈大多城市属于传统的重工业城市，近年来其工业企业的利润不高，工业产值占GDP比例的增加未能相应地带来城镇居民收入的增长。而相应的，第三产业产值比例的增加，则会给广大城镇居民人均可支配收入带来增长。而在加入了反映产权结构的控制变量 S_3（国有单位职工占总人口比例），其系数值为负，说明国有单位职工占总人口比例的增加，会使得该城市圈城镇居民人均可支配收入的年均增长率下降；而农民人均年纯收入指标的条件收敛结果则发现：随着第一产业产值占GDP比例的增加，农民人均年纯收入的增长速度反而放缓。

这一结果与预期不一致，但也从一个侧面反映了当前武汉城市圈农业发展的现状，即广大农民的收入未能随着农业的发展而增加，农民没有从农业发展中获得相应的回报。加入第二产业占GDP比例这一经济结构变量后，其实证系数为正表明，与第一产业占 GDP 比例变化对农民纯收入增长的影响相反，随着第二产业在国民经济比例的不断增加，其对农民年纯收入的增长也有很大的帮助，即随着第二产业的不断发展，农民收入也相应地提高。一方面，随着工业的不断发展，众多农地（尤其是城市周边地区）被置换为工业用地，广大农民通过土地置换获得了一定的收入补偿；更为重要的是，随着工业企业（包括近年来武汉城市圈众多的涉农加工制造企业）的快速增加，越来越多的农民开始选择进厂从事工业生产，这就极大地增加了农民的收入。

第 5 章
武汉城市圈制造业空间集聚

产业集聚（industrial agglomeration）是生产要素在空间自由流动和配置的结果，是产业的空间特征，更是产业演化过程中的一种地缘空间现象，是区域经济发展过程中的必然产物。长期以来，由于研究工具的缺失，现实经济中普遍存在的产业集聚现象的研究一直被主流经济学选择性忽视。令人惊喜的是，进入 20 世纪 90 年代以来，随着新经济地理学的快速崛起，对产业集聚相关问题的研究逐渐成为经济学最热门的领域之一。

从现有研究文献来看，当前对产业集聚空间分布的研究，主要集中于对产业空间集聚差异的测度和考察，并在总体空间集聚差异的基础上，分别从行业专业化和地区专业化的角度对其空间分布进行研究。

有鉴于此，本章的基本行文结构如下：首先对产业集聚空间分布的现有研究文献进行一个简要的综述，接着对产业集聚的测度方法进行介绍和构建武汉市圈产业集聚测度的模型，并对本章数据的来源及处理方法进行介绍。在此基础上对武汉城市圈制造业空间集聚进行测度，并分别从行业专业化和地区专业化的角度进行详细的考察。

5.1 文 献 回 顾

20 世纪 90 年代以来，随着新经济地理学（new economic geography）的快速崛起，对产业集聚的研究进入了一个全新的时代，尤其是在对产业集聚程度的测度和产业集聚影响因素等方面的研究，更是取得了众多有重大影响力的成果。Krugman（1991）首次采用空间基尼系数，对美国制造业 3 位数行业的集聚程度进行了测度，开启了产业集聚空间测度的新时代；Ellison 和 Glaeser（1997）开创性地建立了利润最大化的区位选择模型，优化了衡量产业区域集聚程度的指标体系，推导出了测度产业集聚的计算公式，即 EG 系数，并采用该方法对美国制造业的集聚水平进行了测算；Duranton 和 Overman（2005）则在前人研究文献的基础上，基于无参数模型回归函数的形式可以任意选择的优点，放松了回归模型形式的限制，采用了接近精确的企业地理位置数据，在假设企业的区域分布是连续而非受到区域边界限制的基础上，构建了对产业集聚程度进行更为精确和科学的测度方法。

进入 21 世纪以来，对于中国产业集聚（主要集中于制造业的集聚）的实证研究也开始热门起来，尤其是关于产业集聚的测度研究，如白重恩等（2004）、范剑勇（2004b）、文玫（2004）等，取得了一大批的重要的研究成果。但是，众多的文献研究结论之间都存在着一定的差异。究其原因，除了区域划分、行业分类的选取以及所采用数据的来源有所不同外，一个重要的方面就在于运用了不同的测度方法。

近年来，有学者开始运用 EG 系数对产业集聚进行研究。但由于中国统计年鉴中没有公布规模以上工业企业的详细数据，因此不能直接采用 Ellison 和 Glaeser 模型的方法，从而导致有的研究出现了一定的偏差。罗勇和曹丽莉（2005）针对中国统计口径的实际情况，对 EG 模型中赫芬达尔指数的计算进行了一定的改进，作出了有创建性的贡献；杨洪焦等（2008c）也通过对赫芬达尔指数的调整，较精确地对中国制造业的集聚情况进行了度量；而路江涌和陶志刚（2007）则通过使用中国制造业的企业级数据，完全按照 Ellison 和 Glaeser 的方法对数据的要求，计算出 1998～2003 年中国制造业的集聚度。

作为产业空间集聚的表现形式，现有研究主要通过地区专业化和行业专业化两个指标来体现。地区专业化（regional specialization）所描述的经济现象，是指一些产业集聚在某些地区，而另外的产业则集聚在其他地区。对地区专业化进行测度主要采用专业化水平指标（specialization index），又称为地区间的产业结构差异程度，用来衡量一个地区经济结构相对于其他地区而言的差异性。Brulhart（2001）构建了制造业中心值的计算公式，并对欧洲产业空间专业化进行了详细的研究；同样，作为产业空间集聚的另一种表现形式，行业专业化是指行业在不同地理空间之间的集聚与分散。在 Krugman（1991）首次采用空间基尼系数对美国 3 位数制造业行业的专业化程度进行了测度之后，国内很多学者都借鉴空间基尼系数，并辅以集中度、Hoover 系数、地理集中指数等指标，对制造业行业专业化进行分析。但基尼系数对行业专业化进行测度时，抽象掉了不同区域间的距离这一重要因素，其测度结果与现实存在着一定的误差。因此，一种纳入了空间维度，考虑到不同区域欧式距离的新的测度方法——SP 指数法，开始在相关文献中出现，被用来对产业的空间不平衡性进行测度。

综上所述，就目前对国内产业集聚的相关研究文献来看，大多研究集中在对中国省区间制造业集聚差异的测度和考察上，而从更小测度单元的城市圈（带）内部城市间的产业集聚差异进行研究的却很少，这不能不说是一大遗憾[①]。有鉴于此，本章将以武汉城市圈为研究对象，以地级市和省辖市为研究的基本单元，借助集中度和调整后的 EG 指数等指标，详细分析武汉城市圈制造业各两位数细分行业的空间变化状况，对武汉城市圈制造业的集聚情况进行实证分析。并在此基础上，分别对武汉城市圈各地区制造业的地区专业化和行业专业化程度进行详细的测度。

5.2 测度方法

随着近年来研究的不断深入，对制造业集聚度的测度方法在不断地完善，目前研究中常用的有集中度、赫芬达尔指数、胡佛指数、EG 指数等。应用调整后的 EG 指数对武汉城市圈制造业 18 个两位数细分行业 2000～2013 年的集聚度进行测算，同时使用集中度作为该指数的辅助指标进行分析。同时为了从地区专业化和行业专业化的角度进行研究，还采用了空间基尼系数、SP 指数、地区专业化指数、地区间专业化指数以及制造业中心值指数等进行分析。

5.2.1 集中度

行业集中度是借鉴产业组织理论中企业市场集中度的指标 CR_n 来衡量行业在空间的集中程度，即用某行业规模最大的几个城市的全部从业人员年平均数占整个城市圈该行业的从业人员平均数的份额对集中度进行衡量，其计算公式为：

$$CR_n = \sum_{i=1}^{n} X_i \Big/ \sum_{i=1}^{M} X_i \qquad (5-1)$$

式中，n 为某行业规模最大的前几个城市数，选择规模最大的前 3 位城市行业的全部从业人员年平均数 (X)，M 为城市总数，即 9。

5.2.2 EG 指数

Ellison 和 Glaeser（1997）通过建立利润最大化的企业区位模型，提出测

① 事实上，很多学者都对克鲁格曼等用同一个模型来解释各种尺度的产业集聚持有异议，Von Hagen 和 Hammond（1994）就认为对空间产业集聚程度进行分析的地理单元，采用城市似乎更加合适，而不是通常所采用的国家和省份。

度产业集聚的指标，即 EG 指数。其原理如下。

将一个区域划分为 M 个空间单元，某一产业内存在 N 个企业，且这 N 个企业分布于 M 个单元之中，在此假定基础上，EG 指数的计算公式为：

$$EG = \gamma = \frac{G_i - \left(1 - \sum_{j=1}^{M} x_j^2\right) \cdot H_i}{\left(1 - \sum_{j=1}^{M} x_j^2\right) \cdot (1 - H_i)} \tag{5-2}$$

式中，G_i 是行业 i 在 M 个单元内的空间基尼系数（即克鲁格曼系数），其计算公式为

$$G_i = \sum_{j=1}^{M} (x_j - s_{ij})^2$$

该系数越大，表明行业 i 在整个区域空间的集聚程度越大。其中，j、x_j、s_{ij} 分别代表单元 j、单元 j 中所有行业的就业人口占整个区域所有行业总就业人口的比例、行业 i 在单元 j 的就业人口占该行业整个区域总就业人口的比例。

H_i 是行业 i 的赫芬达尔指数，其计算公式为

$$H_i = \sum_{k=1}^{N} z_k^2$$

该指数反映了区域企业规模的分布情况，与基尼系数一样，该指数的值越大，说明企业在空间的集聚程度越高。k、z_k 分别为企业 k、企业 k 的就业人口占行业 i 总就业人口的比例。

但是，在将该指数应用于武汉城市圈的实证时，需要注意赫芬达尔指数的计算。Ellison 和 Glaeser 在确定该指数时，根据政府公布的制造业人口普查数据按一定的人数标准对企业规模进行分类，然后使用 Schmalensee（1977）的方法计算市场占有率的平方和。但现行的各城市统计年鉴中，没有企业员工人数分布的详细数据。因此，借鉴杨洪焦等（2008a）的处理方法，构建新的赫芬达尔指数。假定对于每个单元 j，行业 i 内的所有企业都具有相同的规模。在此假定的基础上，调整后的 H_i 指数的计算公式变形为[①]：

$$H_i = \sum_{j=1}^{M} n_{ij} \left(\frac{\text{Employment}_{ij}/n_{ij}}{\text{Employment}_i}\right)^2 = \sum_{j=1}^{M} \frac{1}{n_{ij}} \left(\frac{\text{Employment}_{ij}}{\text{Employment}_i}\right)^2 = \sum_{j=1}^{M} \frac{1}{n_{ij}} s_{ij}^2$$

$$\tag{5-3}$$

[①] 采用这种方法对赫芬达尔指数进行估算，尽管与 Ellision 和 Glaeser（1997）计算的结果在精确性上会有一定的差距，但在当前武汉城市圈各城市年鉴统计口径条件下，也不失为一种较为科学的对产业集聚程度进行评估的选择。

其中，n_{ij}为单元j所拥有的行业i的企业数量，Employment$_{ij}$为单元j中行业i的总就业人数，Employment$_i$为行业i在整个城市圈中的总就业人数。

5.2.3 地区专业化指数

对地区专业化测度常用克鲁格曼专业化指数（Krugman index），该指数是某一地区各行业专业化系数与整个区域其余地区相应行业的专业化系数差的绝对值之和。测度的是整个区域中第i个地区与其余地区平均水平的产业结构差异程度，或称为第i个地区的专业化程度。

假定某一区域由m个地区构成，制造业n个行业分布在这m个地区中，则地区专业化指数的计算公式为：

$$k_i = \sum_{k=1}^{n} |s_i^k - \bar{s}_i^k|, \qquad \bar{s}_i^k = \sum_{j \neq i}^{m} E_j^k \bigg/ \sum_{k=1}^{n} \sum_{j \neq i}^{m} E_j^k \tag{5-4}$$

式中，i、j、k分别为地区i、地区j、行业k，E_j^k为地区j行业k的从业人员数，s_i^k等于$E_i^k \bigg/ \sum_{k=1}^{n} E_i^k$，即地区$i$行业$k$的从业人员数与该地区所有行业从业人员数的比值。在对武汉城市圈地区专业化指数进行测度中，m为9，n为18。

克鲁格曼指数测度的是某一地区与其他地区产业结构差异的程度，该指数越高，表明地区间产业结构差异越大。反之，则意味着地区间产业结构同构现象越严重。需要指出的是，某一地区的专业化指数较高，可能是由三种情况造成的：该地区实现了与其他地区较大差异的专业化生产，与其他地区产业结构差异较大；该地区集聚了整个区域大多数的制造业行业，其他地区制造业分布较少；该地区制造业行业分布较少。

5.2.4 地区间专业化指数

作为地区专业化指数的一个很好的补充，地区间专业化的测度，是直接衡量两个地区间产业结构的差异程度。其测度公式为：

$$k_{ij} = \sum_{k=1}^{n} |s_i^k - s_j^k| \tag{5-5}$$

式中，k_{ij}表示地区i和j之间的专业化指数，s_i^k和s_j^k与式（5-4）中的意义相同，即分别表示地区i和地区j行业k的从业人员数与该区域所有行业从业人员数的比值。

地区间专业化指数是对两个地区间产业结构差异程度的直接测度，其取值范围为 0 ~ 2，数值越大表示两个地区间产业结构的差异性越强。

5.2.5 制造业中心值

地区专业化指数和地区间专业化指数分别从两个不同的角度对地区间的产业结构差异程度进行了描述，但这些测度没有空间维度，在方法上还存在着一定的缺陷。因此，借鉴 Brulhart（2001）对欧洲产业空间专业化研究的方法，引入空间距离要素，结合产业集中度的平均水平和空间距离两个因素，综合考察武汉城市圈各城市制造业集聚的情况，力求更加客观全面地描述制造业的空间分布情况和市场规模的大小。

制造业中心值指标的计算公式为：

$$Central_i = \frac{1}{N}\left(\sum_{j=1}^{m} \frac{\sum_{k=1}^{n} v_j^k}{\delta_{ij}} + \frac{\sum_{k=1}^{n} v_i^k}{\delta_{ii}} \right) \tag{5-6}$$

式中，N 为城市数量，即 9；v_j^k、v_i^k 分别为城市 j 和城市 i 行业 k 的就业占整个区域该行业全部就业的份额；δ_{ij} 是城市 i 与城市 j 之间的欧式直线距离，δ_{ii} 为城市 i 的内距离，其计算公式为 $\frac{1}{3}\sqrt{城市面积/\pi}$。

该指标数值越大，该地区在区域中的专业化程度越高，市场规模越大，该地区的制造业竞争力越强。

5.2.6 SP 指数

相对于基尼系数等指标，SP 指数值不仅取决于两个地区各自的市场份额大小，更取决于两个地区间的距离。该指数弥补了行业空间基尼系数等指标忽视行业空间距离的缺陷。SP 指数的计算公式为：

$$SP^k = c \sum_{i=1}^{M} \sum_{j=1}^{M} v_i^k v_j^k \delta_{ij} \tag{5-7}$$

式中，M 为地区总数，v_i^k、v_j^k 分别为地区 i 和 j 行业 k 占整个区域该行业的比例，δ_{ij} 是两个地区间的空间距离，选取每两个城市政府所在地之间的直线距离。c 为一个固定不变的常数值，由于 SP 指数为 0 ~ 1，因此根据实际计算值的需要，将其值取 1/60。该指数越接近于 0，表示行业在空间上越集中，行业的集聚度越高；当该指数上升时，则表示该行业在空间上趋于分散，行业的集聚度变低。

5.3　数据来源及处理

本章的数据来自武汉城市圈各城市历年的统计年鉴，对于个别城市统计年鉴中少数年份没有对规模以上企业全部从业人员年平均数或企业单位数进行统计的，在计算时，采取内插值等统计方法进行处理①。

由于考察期间，国家统计局分别采用了三种行业分类标准，即 1994 年、2003 年和 2011 年的标准，而三种不同的分类标准中的细分行业的统计口径有了很大的变化。因此，为了保持前后年份行业统计口径上的一致性，将农副食品加工业和食品制造业合并为食品加工与制造业，通用设备制造业和专用设备制造业合并为机械制造业，橡胶制品业和塑料制品业合并为橡胶塑料制品业。同时，根据武汉城市圈制造业发展的实际情况（有的行业很多城市都没有），以及各城市统计年鉴的统计情况，选取了另外 15 个行业，这 15 个行业的分类标准在修订前后基本没有改动，因此在统计口径上不影响对数据的分析。所选取的 18 个行业及代码见表 1-1。

由于制造业行业集聚实际上是生产与人口在特定空间上的集聚，因此无论是采用集中度还是 EG 指数对集聚程度进行描述，都既可以使用就业数据，也可以使用产出数据。参照国内外大多数学者的相关研究，并结合武汉城市圈制造业发展的实际，采用各城市规模以上企业全部从业人员年平均数进行研究。

在对各城市制造业中心值和 SP 指数进行计算时，各城市间的欧式直线距离，使用了武汉市勘测设计研究院 2008 年编制的比例尺为 1：950 000 的武汉城市圈地图，并采用 Mapinfo 软件计算整理而得。

5.4　武汉城市圈制造业集聚度的变动

根据修正后的 EG 指数式（5-2）和式（5-3），本节计算武汉城市圈 9 个城市制造业 18 个行业 2000～2013 年的空间集聚指数，结果见表 5-1 及图 5-1。

①　所缺失的数据主要有：咸宁市 2000 年全部从业人员年平均数，2003 年企业单位数和全部从业人员年平均数；孝感市 2002 年、2003 年全部从业人员年平均数；黄石市 2006 年、2007 年企业单位数。

表 5-1　武汉城市圈制造业行业 EG 指数（2000～2013 年）

行业	2000 年	2001 年	2002 年	2003 年	2004 年	2005 年	2006 年
C13-14	0.0797	0.0854	0.1245	0.106	0.1025	0.0969	0.0924
C15	0.0113	0.0178	0.0147	0.0295	0.0304	0.047	0.0191
C17	0.0453	0.0699	0.0880	0.0862	0.0876	0.0881	0.0891
C18	0.0732	0.069	0.0905	0.0412	0.0329	0.0710	0.0762
C19	0.0725	0.0731	0.0782	0.0805	0.0849	0.0792	0.0803
C22	0.0483	0.0358	0.0816	0.0604	0.0463	0.0291	0.0206
C23	0.0275	0.0136	0.0043	0.0402	0.0531	0.0501	0.0470
C26	0.0348	0.0503	0.0231	0.0302	0.0377	0.0399	0.0439
C27	0.0606	0.0634	0.0572	0.0237	0.0207	0.0153	0.0138
C29-30	0.0295	0.0125	0.0157	0.0186	0.0181	0.0149	0.0127
C31	0.0843	0.0785	0.0794	0.0632	0.0565	0.0736	0.0756
C32	0.0904	0.1060	0.1671	0.1177	0.1077	0.1168	0.1223
C33	0.2208	0.2217	0.1902	0.2161	0.2276	0.2293	0.2201
C34	0.0329	0.0437	0.0472	0.0161	0.0380	0.0289	0.0417
C35-36	0.0178	0.0271	0.0238	0.0200	0.0162	0.0284	0.0383
C37	0.0948	0.1220	0.0286	0.1239	0.1276	0.1297	0.1373
C39	0.0762	0.0802	0.1486	0.1364	0.1233	0.1365	0.1327
C40	0.2083	0.2121	0.2132	0.2064	0.1936	0.2076	0.2179
算术平均值	0.0727	0.0768	0.0820	0.0787	0.0780	0.0824	0.0823
加权平均值	0.0677	0.0764	0.0936	0.0779	0.0758	0.0849	0.0872

行业	2007 年	2008 年	2009 年	2010 年	2011 年	2012 年	2013 年	年均增长率/%
C13-14	0.0869	0.0843	0.0580	0.0936	0.0822	0.0591	0.0458	-4.172
C15	0.0202	0.0514	0.0320	0.0365	0.0243	0.0292	0.0307	7.991
C17	0.1041	0.2342	0.2026	0.2484	0.2606	0.2359	0.2262	13.168
C18	0.0884	0.1274	0.0882	0.1282	0.1380	0.0699	0.0647	-0.945
C19	0.0814	0.0805	0.0898	0.1784	0.2126	0.1908	0.2112	8.572
C22	0.0188	0.0330	0.0588	0.0680	0.1057	0.1026	0.1441	8.772
C23	0.0692	0.0304	0.0282	0.0197	0.0314	0.0803	0.0677	7.176
C26	0.0416	0.0584	0.0878	0.1060	0.0743	0.0616	0.0647	4.886
C27	0.0137	0.0181	0.0107	0.0065	0.0200	0.0220	0.0257	-6.386
C29-30	0.0247	0.0261	0.0925	0.01832	0.0182	0.0217	0.0188	-3.406

行业	2007 年	2008 年	2009 年	2010 年	2011 年	2012 年	2013 年	年均增长率/%
C31	0.0881	0.0797	0.0923	0.1086	0.1069	0.0843	0.0857	0.127
C32	0.1328	0.1314	0.2068	0.1922	0.1391	0.1472	0.1581	4.394
C33	0.2227	0.2838	0.4700	0.4380	0.6370	0.6361	0.6312	8.415
C34	0.0475	0.0255	0.0827	0.0317	0.0212	0.0165	0.0142	-6.259
C35-36	0.0309	0.0271	0.0418	0.0497	0.0241	0.0357	0.0503	8.319
C37	0.1443	0.1665	0.1711	0.1408	0.1684	0.1407	0.1176	1.672
C39	0.1445	0.0846	0.0479	0.0790	0.0403	0.0604	0.0817	0.538
C40	0.2208	0.2954	0.3451	0.2911	0.3236	0.3693	0.3610	4.321
算术平均值	0.0878	0.1021	0.1226	0.1242	0.1349	0.1313	0.1333	9.921
加权平均值	0.0937	0.1211	0.1369	0.1356	0.1417	0.1329	0.1283	5.047

注：算术平均值以 18 个行业大类的简单平均值计算，加权平均值的计算，各行业 EG 系数的权重为该行业的就业人数占整个城市圈 18 个制造业行业总就业人数的比值；行业大类 2000~2013 年的年均变化率以几何平均值进行计算

资料来源：根据武汉城市圈历年统计年鉴的相关数据，采用 Excel 和 Matlab 等软件计算

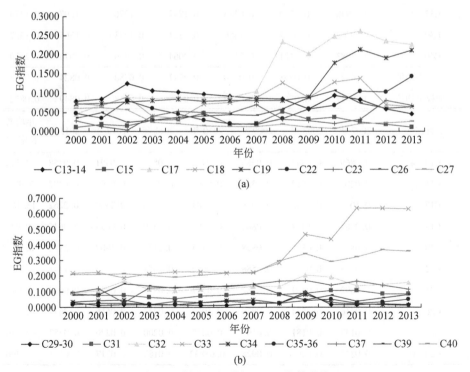

图 5-1　制造业细分行业 EG 指数变化

5.4.1 制造业集聚度变动趋势

可以看出，2000~2013年，武汉城市圈制造业集聚程度的变动有如下几个特点：

首先，尽管某些年份的集聚指标有所波动，但考察期间，18个两位数制造业行业整体上空间集聚程度是增加的，而且增加的幅度较高。EG指数的算术平均值从2000年的0.0727上升到2013年的0.1333，年均增长率达到了9.921%；相应地，考虑不同细分行业在整个制造业中所占比例的差异，加入各行业就业比例权重后，EG系数的加权平均值也从2000年的0.0677上升到2013年的0.1283，年均增长率也达到了5.047%。集聚程度的不断加强，表明随着武汉城市圈一体化进程的加速、交通运输水平的提高、不同城市间市场的日益开放等，要素的空间配置速度加快，制造业行业根据不同空间区域的特征选择最优的区位，造成了空间集聚程度的不断加强。

其次，从细分行业来看，考察期间18个行业中只有5个行业的EG系数值年均增长率为负数，分别是食品加工与制造业（-4.172%）、医药制造业（-6.386%）、橡胶塑料制品业（-3.406%）、金属制品业（-6.259%）以及纺织服装、鞋、帽制造业（-0.945%），表明这5个行业考察期间在空间布局上是趋于分散的。与之相对，另外13个行业的EG系数值的年均增长率都是正值，行业空间集聚程度在增加，其中增速较快的分别是纺织业（13.168%）、造纸及印制品业（8.772%）、有色金属冶炼及压延加工业（8.415%）以及皮革、毛皮、羽绒及其制品业（8.572%）。细分行业的空间集聚程度变化情况，与整体制造业空间集聚变化情况相同，表明进入21世纪以来，武汉城市圈制造业的大多数行业在空间上是趋于集中的。

5.4.2 行业空间集聚度特征

尽管到目前为止，通过EG指数的大小来对制造业行业集聚程度进行判断还没有公认的标准，但Ellision和Glaeser（1997）根据γ值的大小，将空间集聚度指标区分为三个区间，即当$\gamma<0.02$时，表示该行业为低度集聚，没有出现地方化的现象；当$0.02\leqslant\gamma<0.05$时，表示该行业为中度集聚，在区域上的分布比较平均；而当$\gamma\geqslant0.05$时，表示该行业为高度集聚，在空间上的集聚程度很高。

以此分类为标准，表 5-2 对武汉城市圈 2013 年的 EG 系数值从小到大进行分类。

表 5-2　2013 年武汉城市圈制造业 18 个行业 EG 系数分类排序

分类	行业	EG 值	UNIDO 分类
低度集聚（EG<0.02）	金属制品业 C34	0.0142	低技术
	橡胶塑料制品业 C29-30	0.0188	资源性
中度集聚（0.02≤EG<0.05）	医药制造业 C27	0.0257	高技术
	饮料制造业 C15	0.0307	资源性
	食品加工与制造业 C13-14	0.0458	资源性
高度集聚（EG≥0.05）	机械制造业 C35-36	0.0503	中技术
	纺织服装、鞋、帽制造业 C18	0.0647	低技术
	化学原料及化学制品制造业 C26	0.0647	中技术
	印刷业和记录媒介的复制 C23	0.0677	中技术
	电气机械及器材制造业 C39	0.0817	中技术
	非金属矿物制品业 C31	0.0857	资源性
	交通运输设备制造业 C37	0.1176	中技术
	造纸及纸制品业 C22	0.1441	资源性
	黑色金属冶炼及压延加工业 C32	0.1581	中技术
	皮革、毛皮、羽绒及其制品业 C19	0.2112	低技术
	纺织业 C17	0.2262	低技术
	通信设备、计算机及其他电子设备制造业 C40	0.3610	高技术
	有色金属冶炼及压延加工业 C33	0.6312	中技术

资料来源：根据表 5-2 的计算结果整理

从表 5-2 中，可以看出 2013 年武汉城市圈制造业行业的空间集聚度具有如下特征：

首先，从整体上看，武汉城市圈制造业两位数行业的集聚程度较高，18 个考察行业的 EG 指数算术平均值为 0.1333，超过 Ellision 和 Glaeser（1997）所设定的高度集聚值 0.05 的标准，加权 EG 指数也达到了 0.1283。而从各行业来看，高度集聚行业达到 13 个，行业的空间集聚现象十分明显。低度集聚有金属制品业和橡胶塑料制品业两个，中等集聚行业则包括医药制造业、饮料制造业和食品加工与制造业等三个行业。

其次，进一步地从行业技术水平含量高低的角度考察行业的空间集聚程度可以发现，总体而言，根据联合国工业发展组织（UNIDO）在《工业发展报告 2002/2003》中所提出的制造业分类标准①，武汉城市圈制造业中资源性和低技术的细分行业，其 EG 指数都较小，行业在空间的集聚程度较低，而大多数中高技术含量的细分行业其空间集聚程度都较高。低度和中度集聚的 5 个行业中，除医药制造业属于高技术含量行业外，其他四个都属于低技术或资源性的行业。这一方面符合产业发展的规律，即低技术含量的产业对技术劳动和资金等的约束较小，其空间布局表现出发散的特征；另一方面，也从一个侧面说明了武汉城市圈资源的空间分布有很大的趋同性，即由于地理空间的相对集中，其资源分布的差异性不大，产业发展所需的原材料的可得性差别不大，也导致产业布局的空间分散。而属于高技术含量的医药制造业在空间布局相对分散，则反映了武汉城市圈各城市医药制造业较好的基础，除了武汉市医药制造业一枝独秀外（2013 年全市医药行业的从业人数为 29 244 人），黄冈、天门、仙桃、咸宁以及孝感等地区在医药制造行业也都有良好的发展基础，2013 年这几个城市医药行业的就业人数规模分别为 11 400 人、9164 人、5255 人、4500 人和 3840 人。当然，空间布局的相对分散，显然对产业的快速健康发展不利。导致这种局面的很大原因，在于城市圈中各政府在该行业上所采取的地方保护政策和重复建设，多个城市都将医药制造业作为城市的支柱产业而大力发展。这就造成了城市圈该行业资源分散、研发投入不足，行业缺乏规模经济性，企业自主研发能力和运营效率都处于较低的水平。

5.4.3　制造业增长集聚弹性分析

制造业的集聚程度与城市经济发展之间有着极强的关联性，就武汉城市圈的经济和产业发展现状看，工业增长是城市圈各城市经济发展的重要内容。为此，接下来将从增长集聚弹性的角度，对武汉城市圈制造业各行业集聚度的变化与工业增长之间的关系进行检验。

采用制造业行业增长集聚弧弹性进行分析，其计算公式如下：

$$E_i = \frac{\Delta Y_i \Big/ \dfrac{(Y_{i2000}+Y_{i2013})}{2}}{\Delta \mathrm{EG}_i \Big/ \dfrac{(\mathrm{EG}_{i2000}+\mathrm{EG}_{i2013})}{2}} = \frac{\Delta Y_i}{\Delta \mathrm{EG}_i} \cdot \frac{\mathrm{EG}_{i2000}+\mathrm{EG}_{i2013}}{Y_{i2000}+Y_{i2013}} \qquad (5\text{-}8)$$

式中，Y_i 为武汉城市圈制造业 i 行业的工业总产值（单位：万元），ΔY_i 为 2000 ~

---

① 该分类标准从技术含量高低的角度将制造业各行业分为四类，分别是资源性产业、低技术产业、中技术产业和高技术产业。

2013 年制造业 i 行业工业总产值的增加值（即 $\Delta Y_i = Y_{i2013} - Y_{i2000}$）；$\Delta EG_i$ 为 2000 ~ 2013 年制造业 i 行业集聚度 EG_i 系数的变化值（即 $\Delta EG_i = EG_{i2013} - EG_{i2000}$）。

采用式（5-8），对武汉城市圈制造业 18 个行业的增长集聚弹性进行计算，结果见表 5-3。

表 5-3　武汉城市圈 18 个制造行业 2000 ~ 2013 年增长集聚弹性

行业及代码	E	行业及代码	E
C31 非金属矿物制品业	94.81	C22 造纸及纸制品业	1.41
C39 电气机械及器材制造业	25.71	C33 有色金属冶炼及压延加工业	1.21
C37 交通运输设备制造业	8.3	C17 纺织业	1.18
C40 通信设备、计算机及其他电子设备制造业	3.26	C27 医药制造业	-1.86
C32 黑色金属冶炼及压延加工业	2.72	C34 金属制品业	-2.06
C26 化学原料及化学制品制造业	2.37	C13-14 食品加工与制造业	-3.21
C23 印刷业和记录媒介的复制	1.79	C29-30 橡胶塑料制品业	-4.02
C35-36 机械制造业	1.71	C18 纺织服装、鞋、帽制造业	-9.97
C19 皮革、毛皮、羽绒及其制品业	1.6	C15 饮料制造业	-29.99

资料来源：根据武汉城市圈各城市 2000 年和 2013 年统计年鉴及表 5-1 的结果计算

武汉城市圈制造业行业增长集聚弹性有如下特征：

首先，从整体上来看，武汉城市圈制造业的 18 个两位数细分行业中，12 个行业的弹性系数值为正。根据构建的增长集聚弹性系数的含义，表明这 12 个行业空间集聚程度每增加一个百分点，则该行业总体收入将相应地保持增加的趋势。如非金属矿物制品业的弹性系数为 94.81，表明在城市圈中，该行业的空间集聚程度度量指数 EG 值每增加 1%，则该行业的工业总产值将增加 94.81%。这一结果从另一个侧面验证了前文的研究结论，即当前武汉城市圈绝大多数制造业细分行业的集聚经济还没有发挥最大的作用。加大交通运输等基础设施的建设，降低各城市间行政壁垒对要素空间流动的限制等，将能更有效地优化制造业要素的空间配置，发挥集聚经济和规模经济效应，增加行业的收入。与此同时，医药制造业等 6 个细分行业的空间集聚弹性系数值为负，表明这些产业的空间集聚程度过高，导致集聚不经济。这些行业同样需要加强要素的空间流动，根据行业发展和各城市的实际情况，减少地方保护主义对要素流动的限制，重新在整个城市圈层面上进行空间的优化配置。

其次，从各细分行业考察发现，行业之间集聚弹性系数相差非常明显，如非金属矿物制品业、电器机械及器材制造业、交通运输设备制造业等，当前集聚经济效应十分明显。对于这些行业，要充分利用市场机制和适当的规划，加快要素的空间流动速度，最大限度地发挥其集聚经济和规模经济效应，促进产业的快速健康发展。

5.5 武汉城市圈制造业行业专业化分析

作为产业空间集聚的表现形式，行业专业化是指行业在不同地理空间之间的集聚与分散。Krugman 首次采用空间基尼系数对制造业行业专业化程度进行了测度，但基尼系数对行业专业化进行测度时，抽象出不同区域间的距离这一重要因素，其测度结果与现实存在着一定的误差。尤其是对于武汉城市圈地区而言，其区域较大，考虑到这一因素，本节将采用一种纳入空间维度，兼顾不同区域欧式距离的新的测度方法——SP 指数法，并辅以集中度指标，对制造业的行业专业化进行详细的研究。

5.5.1 SP 指数测算

根据 SP 指数的计算公式，即式（5-7），对武汉城市圈 2000～2013 年制造业 18 个行业的 SP 指数进行测算，其结果见表 5-4。

表 5-4　2000～2013 年武汉城市圈各城市制造业行业 SP 指数

行业	2000 年	2001 年	2002 年	2003 年	2004 年	2005 年	2006 年
C13-14	0.6722	0.7229	0.6816	0.6864	0.6792	0.7027	0.7292
C15	0.5602	0.6760	0.6013	0.6485	0.5828	0.5746	0.5555
C17	0.6981	0.7476	0.7222	0.7466	0.7329	0.7461	0.7622
C18	0.7571	0.7838	0.6971	0.7923	0.757	0.8201	0.8379
C19	0.7991	0.6902	0.6027	0.6408	0.6110	0.6193	0.5741
C22	0.6470	0.6706	0.6406	0.6822	0.6315	0.5487	0.5449
C23	0.5518	0.5170	0.5028	0.4484	0.4102	0.388	0.3929
C26	0.6907	0.7312	0.4602	0.6496	0.6421	0.6417	0.6463
C27	0.4222	0.4310	0.4111	0.5354	0.5924	0.5903	0.5757
C29-30	0.2433	0.2403	0.2740	0.2564	0.2242	0.2170	0.2175
C31	0.6858	0.7282	0.7090	0.7073	0.6806	0.6624	0.6903
C32	0.3360	0.3333	0.3877	0.3037	0.3074	0.2682	0.2723
C33	0.4363	0.4117	0.2936	0.4885	0.637	0.5658	0.4963

行业	2000 年	2001 年	2002 年	2003 年	2004 年	2005 年	2006 年
C34	0.5782	0.6030	0.7218	0.5918	0.6485	0.5082	0.5265
C35-36	0.5235	0.5072	0.5190	0.5184	0.5523	0.5028	0.4880
C37	0.3273	0.2991	0.4695	0.2888	0.2946	0.2700	0.2724
C39	0.3961	0.4156	0.1726	0.3100	0.3235	0.2802	0.2997
C40	0.1686	0.1425	0.1714	0.1947	0.1917	0.1420	0.1393
均值	0.5274	0.5362	0.5021	0.5135	0.5277	0.5027	0.5012

行业	2007 年	2008 年	2009 年	2010 年	2011 年	2012 年	2013 年	年均增长率/%
C13-14	0.7202	0.6906	0.6834	0.7091	0.7350	0.6772	0.6806	0.0956
C15	0.5628	0.5941	0.6029	0.5669	0.5236	0.5695	0.5806	0.2755
C17	0.7601	0.7573	0.7561	0.7524	0.7496	0.7262	0.7341	0.3875
C18	0.8548	0.8547	0.8497	0.8480	0.8950	0.8276	0.8232	0.646
C19	0.6334	0.6142	0.6797	0.6753	0.7039	0.5189	0.5590	-2.7113
C22	0.5737	0.5856	0.5867	0.6007	0.6831	0.6295	0.6314	-0.1876
C23	0.3712	0.4262	0.4756	0.4674	0.4567	0.386	0.4121	-2.2205
C26	0.6796	0.6908	0.6984	0.7383	0.7716	0.7139	0.7207	0.3276
C27	0.6012	0.6467	0.6227	0.6339	0.6859	0.6610	0.6605	3.5024
C29-30	0.2013	0.3712	0.5716	0.7830	0.5114	0.7404	0.7628	9.1879
C31	0.6918	0.6592	0.6833	0.689	0.6699	0.6253	0.6262	-0.6969
C32	0.2785	0.2529	0.2284	0.2191	0.2927	0.3039	0.3082	-0.6621
C33	0.5922	0.4538	0.5312	0.5544	0.6682	0.5224	0.5205	1.3667
C34	0.5404	0.5461	0.4648	0.4694	0.5555	0.5210	0.5269	-0.7121
C35-36	0.5519	0.4900	0.5214	0.4629	0.5557	0.5558	0.5238	0.0044
C37	0.2879	0.2347	0.2653	0.2811	0.2735	0.5414	0.6423	5.3228
C39	0.2960	0.3395	0.4258	0.3367	0.4443	0.4438	0.4128	0.3182
C40	0.1267	0.0849	0.0963	0.1128	0.1134	0.1213	0.1411	-1.3604
均值	0.5180	0.5163	0.5213	0.5500	0.5716	0.5603	0.5704	0.7158

注：均值为该年份城市圈 18 个行业 SP 指数的算术平均值；年均增长率为 2000～2013 年城市圈各行业 SP 指数变化的几何平均值

资料来源：根据武汉城市圈各城市历年统计年鉴计算而得

从表5-5 中可以看出，在考察了空间距离因素后，武汉城市圈制造业行业专业化指数 SP 与没有考虑空间因素的 EG 指数相比，有了很大的不同。具体而言，SP 指数具有如下特点：

首先，从2000~2013年SP指数变化来看，行业均值从2000年的0.5274上升到2013年的0.5704，年均增加了0.7158%。而18个细分行业中考察期间SP指数趋于上升的有11个，下降的有7个。从SP指数的含义可知，该指数值越大，表明行业布局在空间上趋于分散，集聚程度变低。也就是说，18个细分行业中，考察期间，包括食品加工与制造业等11个行业的空间集聚程度是下降的，而造纸及纸制品业等7个行业的空间集聚度是上升的。而从整体来看，制造业行业的空间集聚程度是趋于分散的。

其次，从2013年18个行业SP指数值大小的排序来看，指数值最小、行业集聚程度最高的行业依次为：通信设备、计算机及其他电子设备制造业，黑色金属冶炼及延压加工业，印刷业和记录媒介的复制，电气机械及器材制造业，以及有色技术冶炼及延压加工业，而考察发现这些行业无一例外都是中高技术行业。这一发现表明，武汉城市圈中高技术行业的空间集聚程度高，集聚现象明显。相反，指数值较大、行业空间分布较为分散的行业，如纺织服装、鞋、帽制造业，橡胶塑料制品业，纺织业，以及食品加工与制造业等，则基本都属于资源型或低技术行业，这也进一步验证了武汉城市圈资源型（如前所分析，武汉城市圈由于空间的相对集中，各城市的资源趋同性较强）和低技术行业（技术门槛较低，使得空间布局趋向分散）在空间分布较为分散，集聚程度较低。

5.5.2　行业集聚的空间分布特征

为了更加详细地分析武汉城市圈制造业在各城市空间分布及其变动情况，根据计算行业集中度公式，即式（5-1），对2000~2013年18个行业的集中度CR_3进行计算，结果见表5-5。

表5-5　武汉城市圈制造业细分行业 CR_3（2000~2013年）

行业	2000年	2001年	2002年	2003年	2004年	2005年	2006年
C13-14	74.19	70.61	74.63	73.89	72.87	65.25	64.01
C15	77.31	69.13	74.9	71.69	70.50	75.83	76.72
C17	62.85	60.22	62.59	56.71	57.67	60.25	57.77
C18	65.13	63.89	72.33	60.54	61.49	57.95	54.85
C19	50.14	66.63	73.43	70.19	74.77	69.40	75.04
C22	68.09	67.25	73.39	68.43	72.68	82.64	80.77
C23	69.68	77.12	75.84	82.50	85.82	86.66	85.82

行业	2000 年	2001 年	2002 年	2003 年	2004 年	2005 年	2006 年
C26	76. 53	60. 67	80. 60	69. 56	69. 99	71. 22	71. 60
C27	81. 75	81. 11	81. 94	77. 42	72. 16	73. 51	73. 24
C29-30	74. 59	78. 61	70. 58	69. 82	68. 57	67. 64	63. 81
C31	57. 16	54. 26	59. 34	57. 72	59. 52	63. 01	63. 07
C32	97. 37	96. 59	96. 90	98. 40	97. 51	97. 01	95. 27
C33	87. 67	88. 08	96. 68	87. 18	88. 17	92. 61	81. 18
C34	77. 17	75. 83	64. 41	72. 51	70. 62	79. 70	79. 02
C35-36	72. 96	73. 76	73. 57	75. 10	72. 60	77. 06	78. 05
C37	89. 25	91. 11	83. 97	92. 30	90. 69	91. 00	90. 13
C39	83. 30	80. 56	93. 10	87. 35	86. 99	92. 95	91. 01
C40	96. 88	97. 29	96. 75	96. 08	96. 11	96. 44	89. 92
算术平均值	74. 8	74. 36	76. 98	75. 54	75. 61	77. 51	75. 6

行业	2007 年	2008 年	2009 年	2010 年	2011 年	2012 年	2013 年	年均增长率/%
C13-14	62. 35	68. 8	64. 72	64. 55	61. 26	67. 12	66. 69	−0. 8165
C15	74. 09	67. 57	66. 96	70. 30	79. 51	76. 45	73. 07	−0. 4329
C17	59. 16	61. 90	64. 47	60. 69	55. 00	68. 65	68. 27	0. 6383
C18	48. 21	45. 01	47. 06	49. 43	50. 34	44. 51	38. 79	−3. 9079
C19	69. 84	67. 50	60. 21	67. 88	57. 98	80. 79	82. 21	3. 8768
C22	78. 93	79. 02	79. 09	77. 07	75. 14	72. 87	72. 82	0. 518
C23	88. 36	85. 04	86. 31	82. 20	83. 92	88. 05	88. 96	1. 8968
C26	68. 00	63. 92	68. 19	61. 02	59. 38	62. 58	60. 53	−1. 788
C27	71. 88	70. 25	69. 49	67. 07	64. 95	69. 84	71. 22	−1. 0551
C29-30	65. 47	68. 16	76. 73	72. 59	71. 42	66. 29	67. 16	−0. 8039
C31	60. 85	62. 74	65. 01	64. 22	62. 17	62. 21	61. 08	0. 5115
C32	95. 71	88. 69	95. 79	95. 79	95. 25	93. 34	92. 58	−0. 3873
C33	92. 62	90. 96	88. 03	82. 06	89. 80	85. 82	86. 15	−0. 1344
C34	79. 36	77. 90	88. 67	85. 67	75. 46	75. 33	74. 56	−0. 2643
C35-36	76. 07	76. 19	76. 96	82. 29	71. 85	70. 97	72. 42	−0. 0057
C37	88. 31	90. 68	89. 74	89. 12	90. 23	76. 66	65. 05	−2. 4036
C39	88. 80	89. 42	82. 18	84. 04	81. 34	81. 18	81. 62	−0. 1566
C40	91. 32	97. 72	96. 91	96. 21	96. 73	95. 50	94. 19	−0. 2164
算术平均值	74. 83	75. 08	75. 92	75. 12	73. 43	74. 34	73. 19	−0. 2561

注：其中集中度的年均增长率采用几何平均值计算

资料来源：根据武汉城市圈各城市历年统计年鉴计算

从表 5-5 中可以看出，武汉城市圈制造业 18 个行业集中度 CR_3 具有如下几个特征：

首先，整体上，18 个行业的集中度 CR_3 都较高，表明武汉城市圈制造业细分行业的空间分布差异程度较高。2000~2013 年，CR_3 最高值达到了 98.40%（2003 年黑色金属冶炼及压延加工业），最小值为 38.79%（2013 年纺织服装、鞋、帽制造业）。从年份看，18 个行业 CR_3 的算术平均值最小的也达到 73.19%（2013 年），2005 年其值最高，为 77.51%。

其次，在考察期间，总体上集中度 CR_3 年均增长率的算术平均值为负（为 -0.2561%），这与制造业集聚度 EG 系数值和 SP 值的总体变动趋势相反，表明尽管总体上武汉城市圈制造业空间集聚程度有所加强，但占比最大的前三位城市的份额却是减少的。造成这种结果的一个可能性的解释是，尽管城市圈整体上制造业要素的空间流动性加强，要素更多地向优势区域集中，但在具体区位布局上，这种优势区位的集中性有限。进一步从细分行业前三位集中度的变化考察，期间集中度 CR_3 年均增长率增加的只有 5 个行业，而减少的则有 13 个，这一结果同样与 EG 系数及 SP 值的计算结果大相径庭。看似矛盾的结论，在很大程度度上是由于测度集聚度的 EG 系数及 SP 值，与测度集中程度的 CR_3 指数值在考察集聚程度的角度和方法上的差别造成的：其中 EG 系数和 SP 值主要是从总体上测度行业空间分布的均衡性，得到的是整体评估结果；而后者则仅仅是对细分行业就业人数居于前三位的城市占比分析，其统计的是城市圈部分城市的数据，反映的是行业空间分布的局部情况。两者之间有较强的相关性，但并不完全同步，而这种差别并不影响对行业的空间分布进行分析。

最后，从 2013 年 18 个行业集中度 CR_3 值的大小排名来看，集中度较高的行业，如通信设备、计算机及其他电子设备制造业，黑色金属冶炼及压延加工业，印刷业和记录媒介的复制，有色金属冶炼及压延加工业，电气机械及器材制造业等，都是属于中高技术行业。这些技术含量较高的行业，主要集中在少数科技力量较强、基础较好的地区；而与之相对，处于最后几位、集中度较小的行业，如纺织服装，皮革、毛皮、羽毛（绒）及其制品业，非金属矿物制品业等，大多是属于资源性或者低技术的行业。这和 EG 系数值分析得出的结论完全一致，制造业行业空间集中度同样也表现出中高技术行业在空间较为集中，而低技术和资源性行业则相对分散的特征。

进一步给出 2000 年、2007 年和 2013 年三个年份制造业细分行业从业人员规模排在前三位的城市分布情况，对各城市制造业行业空间布局和变化进行更详细分析，结果见表 5-6。

表5-6　武汉城市圈18个制造行业规模排名前三位的城市分布

项目	2000	2007	2013
食品加工与制造业 C13-14	武汉、黄冈、孝感	武汉、孝感、仙桃	武汉、孝感、黄冈
饮料制造业 C15	武汉、黄石、黄冈	武汉、黄冈、黄石	武汉、黄石、孝感
纺织业 C17	武汉、黄冈、咸宁	孝感、仙桃、武汉	仙桃、孝感、咸宁
纺织服装、鞋、帽制造业 C18	武汉、仙桃、黄石	武汉、潜江、黄石	武汉、黄石、孝感
皮革、毛皮、羽毛（绒）及其制品业 C19	武汉、仙桃、黄石	武汉、咸宁、黄冈	黄石、孝感、黄冈
造纸及纸制品业 C22	武汉、孝感、仙桃	武汉、孝感、咸宁	孝感、武汉、咸宁
印刷业和记录媒介的复制 C23	武汉、黄冈、黄石	武汉、咸宁、孝感	武汉、孝感、咸宁
化学原料及化学制品制造业 C26	武汉、黄石、仙桃	武汉、孝感、黄冈	孝感、武汉、仙桃
医药制造业 C27	武汉、黄石、黄冈	武汉、黄冈、仙桃	武汉、黄冈、天门
橡胶塑料制品业 C29	武汉、黄石、孝感	武汉、鄂州、孝感	武汉、孝感、黄冈
非金属矿物制品业 C31	武汉、黄石、黄冈	武汉、黄石、黄冈	武汉、黄冈、黄石
黑色金属冶炼及压延加工业 C32	武汉、黄石、鄂州	武汉、鄂州、黄石	武汉、黄石、鄂州
有色金属冶炼及压延加工业 C33	黄石、武汉、黄冈	黄石、潜江、武汉	黄石、武汉、潜江
金属制品业 C34	武汉、孝感、黄石	武汉、孝感、鄂州	武汉、孝感、黄冈
机械制造业 C35-36	武汉、黄冈、黄石	武汉、黄石、鄂州	武汉、鄂州、黄冈
交通运输设备制造业 C37	武汉、黄冈、孝感	武汉、黄冈、孝感	武汉、黄冈、天门
电气机械及器材制造业 C39	武汉、黄石、孝感	武汉、孝感、黄石	武汉、黄石、咸宁
通信设备、计算机及其他电子设备制造业 C40	武汉、孝感、黄冈	武汉、孝感、黄冈	武汉、咸宁、孝感

资料来源：根据武汉城市圈各城市历年统计年鉴资料整理

从表5-6中三个年份制造业18个细分行业的空间分布前三位城市的情况，可以看出空间分布具有如下特征：

首先，除少数行业外，武汉城市圈绝大多数制造细分行业从业人员集中度较高的前三位主要集中在武汉市、黄石市、孝感市、黄冈市这四个区域①。以2013年为例，上述四个城市的上榜次数分别为16、8、11、7，占到总上榜次数的77.8%。

其次，武汉等四个城市的上榜次数，尽管所占比例在三个年份中都较大，但其累计上榜的次数有所减少（武汉、黄石、孝感和黄冈四市三个年份上榜次

---

① 这四个集中度较高的城市中，武汉市制造业相对集中，经济也比较发达。黄石市有较好的工业发展基础，同时其工业资源的独特性和历史地位也使得其工业集中度较高。而孝感市和黄冈市则主要是因为区域面积较大，其制造业企业数也就相对较多，而行业的集中度值自然就较大。

数分别为 52、28、28 和 24 次），表明制造业尽管在这 4 个城市的集中度较高，但所占比例随着时间有所减少。相应地，另外五个城市其上榜次数则大多有所增加。如鄂州市，从 2000 年的 1 次，增加到 2007 年的 4 次，再到 2013 年的 2 次；潜江市从 0 次增加到 2 次，再到 1 次；咸宁市则从 2000 年的 1 次增加到 2013 年的 5 次；天门和潜江在 2000 年上榜次数都为 0，而 2013 年，其分别为 2 次和 1 次；但这其中仙桃市从 2000 年的 4 次减少到 2013 年的 2 次。

5.6 武汉城市圈制造业地区专业化分析

目前对地区专业化测度的方法较多，考虑到现有各种测度方法之间的互补性，本节拟分别从地区专业化、地区间专业化、制造业中心值等三个方面对武汉城市圈制造业地区专业化水平进行测度。

5.6.1 地区专业化测度

根据式（5-4），下面计算武汉城市圈各城市 2000 ~ 2013 年的专业化指数，结果见表 5-7。

表 5-7　武汉城市圈各城市制造业专业化指数（2000 ~ 2013 年）

城市	2000 年	2001 年	2002 年	2003 年	2004 年	2005 年	2006 年
武汉	0.6970	0.7677	0.8632	0.7513	0.7336	0.8149	0.8539
鄂州	0.8142	0.7881	0.9919	0.9102	0.7489	0.7884	0.8022
黄石	0.6159	0.6522	0.6628	0.7002	0.6927	0.7833	0.7875
黄冈	0.5503	0.5795	0.8251	0.5632	0.5129	0.6118	0.6039
孝感	0.6504	0.7191	0.7696	0.7527	0.7260	0.8004	0.8024
仙桃	0.6656	0.7132	0.7733	0.7994	0.8335	0.9972	0.9568
潜江	0.6680	0.6732	0.7702	0.7616	0.6570	0.8316	0.8492
天门	0.6783	0.6450	0.7315	0.6229	0.5839	0.6915	0.6300
咸宁	0.8147	0.7996	0.8625	0.7920	0.8642	0.7839	0.7616
均值	0.6838	0.7042	0.8056	0.7393	0.7059	0.7892	0.7831

城市	2007 年	2008 年	2009 年	2010 年	2011 年	2012 年	2013 年	年均变化率/%
武汉	0.8567	0.9512	0.9279	0.973	0.9639	0.9385	0.8595	1.6251
鄂州	0.8112	0.8143	0.9686	0.8474	0.7932	0.8084	0.7117	−1.0297
黄石	0.7973	0.7711	0.7708	0.7810	0.8564	0.8161	0.7552	1.5808

城市	2007 年	2008 年	2009 年	2010 年	2011 年	2012 年	2013 年	年均变化率/%
黄冈	0.5883	0.6199	0.5783	0.6036	0.5867	0.6085	0.5822	0.4344
孝感	0.8008	0.8143	0.8272	0.7684	0.8035	0.7204	0.7530	1.1331
仙桃	0.8690	1.0107	1.0226	1.0936	0.9813	0.9125	0.9093	2.4289
潜江	0.7921	0.8637	0.8672	0.8960	0.9408	0.9571	0.8868	2.2034
天门	0.6416	0.7746	0.8002	0.6673	0.7989	0.7293	0.7970	1.2482
咸宁	0.6735	0.6702	0.6166	0.5996	0.4831	0.5064	0.4560	−4.3659
均值	0.7589	0.81	0.8199	0.8033	0.8009	0.7775	0.7456	0.6678

注：均值为当年各城市制造业专业化指数算术平均值，年均增长率为 2000 年和 2013 年专业化指数的几何平均值

资料来源：本表结果根据武汉城市圈各城市历年统计年鉴计算

从表5-7 中，不难看出武汉城市圈制造业专业化水平有如下几个特点：

首先，尽管在考察期间城市圈部分年份专业化指数值出现了波动（图5-2），但从整体上看专业化指数的均值从 2000 年的 0.6838 上升到 2013 年的 0.7456，年均增长 0.6678%，表明武汉城市圈制造业的专业化水平有了较大提高。进一步地，对各城市专业化指数变化分析发现，除咸宁、鄂州两市外，其他 7 个城市的制造业专业化指数年均值都是增加的，其中仙桃和潜江两市更是保持了 2 个百分点以上的增长幅度，其专业化水平有较大的提高。如前所述，专业化指数的增加，既可能是由于区域产业集中于少数城市，也可能是由于各城市制造业空间布局优化、专业化水平提高。因此，对于武汉城市圈制造业专业化指数的这些变化，仅从整体变化角度考察，还无法判断其指数的增加，是由于更多的产业集中在少数城市，还是由于区域各城市实现了差异化的制造业行业空间布局等，还有待进一步的分析。

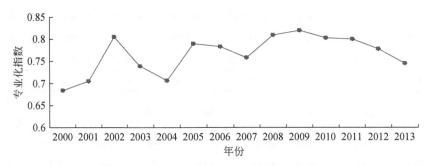

图5-2　武汉城市圈制造业专业化指数年均变化

其次，从2000年武汉城市圈各城市专业化指数看，作为中心城市的武汉市其专业化指数不高（其专业化水平值仅为0.6970，排在城市圈9个城市中的第三位，落后于咸宁市的0.8147和鄂州的0.8142）。结合前面对武汉城市圈各城市制造业从业人员数的考察，导致这种结果的主要原因是武汉市作为中心城市的产业优势和历史基础，使得其拥有城市圈大多数的制造业行业（即所谓的"大而全"）。咸宁市和鄂州市专业化指数居于前两位，其值都超过了0.8，由前文对专业化指数的界定即各市制造业细分行业的从业人员数所占比例可以推断，鄂州市指数较大的原因在于该市制造业行业主要集中在非金属矿物制品业、黑色金属冶炼及延压加工业等行业，与其他城市的行业分工明显。而咸宁市则主要是因为该市制造业行业的分布较少，且主要集中在纺织业等少数行业。而黄冈市的专业化指数值最小，只有0.5503，这可能与该市行政区域面积较大，制造业行业"小而全"现象突出，与其他城市间的制造业行业分工不明显有关。另外5个城市的数值都处于0.6和0.7之间，与城市圈的平均水平相差不大，表明这些城市间的制造业行业结构相似性较强，行业的同构现象比较严重，制造业产业相互间同质化竞争激烈。

最后，与2000年相比，经过10多年的制造业的快速发展，除咸宁和鄂州两市以外，到2013年武汉城市圈各城市的专业化指数出现了普遍的提高和分化。作为城市圈中心城市的武汉，其专业化指数有了很大的提高，这一方面是由于该市凭借其技术、资金上的优势，大力发展诸如电子及通信设备制造业等高新技术行业，与其他城市行业发展差异化明显；另一方面，还可能是由于其利用特大城市和省会城市的优势，发挥强大的集聚功能，集聚了更多的制造业行业。而少数原来制造业相对落后的城市，如仙桃和潜江，其专业化指数有了很大的提高，制造业行业结构与其他城市之间的差异化有了一定的提高。而初期专业化指数最高的鄂州和咸宁两市，其专业化指数则出现了下降，但其下降的原因有所不同。鄂州主要是其非金属矿物制品业、黑色金属冶炼及延压加工业等传统优势发展行业在城市圈的地位有所下降，而咸宁则主要是该市近年来制造业各细分行业都有所发展，不再是只集中于少数几个传统行业，进而导致指数的下降。

5.6.2 地区间专业化测度

根据公式（5-5），分别对2000年和2013年，武汉城市圈各城市间的专业化指数进行了度量，其计算结果见表5-8。

表 5-8 武汉城市圈制造业城市间专业化指数（2000 年、2013 年）

2000	武汉	鄂州	黄石	黄冈	孝感	仙桃	潜江	天门	咸宁	平均值
武汉	0	0.8124	0.6527	0.736	0.8897	0.8936	0.9847	0.9092	0.9927	0.8589
鄂州		0	0.5657	0.9781	1.1191	0.985	0.9556	1.0188	1.0054	0.9300
黄石			0	0.8357	0.9426	0.9737	0.7885	0.9698	0.8730	0.8252
黄冈				0	0.4982	0.6865	0.5855	0.5685	0.5570	0.6807
孝感					0	0.6827	0.6434	0.7269	0.8058	0.7886
仙桃						0	0.5048	0.3577	0.8994	0.7479
潜江							0	0.6294	0.9294	0.7527
天门								0	0.7601	0.7426
咸宁									0	0.8529
城市圈										0.7977

2013	武汉	鄂州	黄石	黄冈	孝感	仙桃	潜江	天门	咸宁	平均值
武汉	0	0.6324	0.8592	0.9774	1.0701	1.2308	1.3489	1.0631	0.8318	1.0017
鄂州		0	0.6948	0.8303	1.0476	1.2385	1.2065	0.9661	0.7802	0.9246
黄石			0	0.8543	1.0768	1.2828	1.0225	1.2053	0.6772	0.9591
黄冈				0	0.5504	0.7631	0.6769	0.5956	0.408	0.7070
孝感					0	0.5395	0.7246	0.6909	0.5867	0.7858
仙桃						0	0.8254	0.7381	0.7662	0.9231
潜江							0	0.6542	0.7358	0.8994
天门								0	0.8293	0.8428
咸宁									0	0.7019
城市圈										0.8606

注：各城市的平均值为各城市与其他城市间专业化指数的算术平均值，城市圈的平均值为各城市平均值的算术平均值

资料来源：根据武汉城市圈各城市相关年份的统计年鉴计算

从表 5-8 中可以看出，武汉城市圈各城市间制造业专业化指数及其变化有如下特点：

第一，从 2000 年和 2013 年初期和末期两个年份城市间专业化指数值整体来看，其专业化指数有较大的上升，从 2000 年的 0.7977 上升到 2013 年的 0.8606。这一变化，说明进入 21 世纪以来，武汉城市圈各城市间制造业行业结构是发散的。这一结论与上节对各城市制造业专业化指数的测定结果所包含的意义是一致的，两个结论之间相互补充。而且，从各城市间制造业专业化指数的平均值来看，与上节分析的结论也基本一致。

第二，2000 年，根据武汉城市圈城市间专业化指数的特点，可以明显地将 9 个城市分为两组，即武汉市、鄂州市和黄石市 3 个制造业相对发达的城市，形成制造业"中心"。而黄冈市等另外 6 个制造业相对落后的城市，则相应地形成了制造业"外围"城市。分析这些城市间专业化指数，可以发现：武汉等 3 个城市之间的专业化指数较小，制造业行业结构同构现象严重，而其他 6 个城市之间的专业化指数则较大，行业间的结构差异明显；同样地，黄冈等 6 个城市内部城市间的专业化指数绝大多数都较小，行业间的同构现象明显①。

第三，与 2000 年相比，2013 年武汉城市圈各城市间的产业结构差异发生了较大的变化。一方面，武汉等 3 个"中心"城市与其余 6 个"外围"城市间专业化指数仍然要大于两组城市群各自内部城市间的指数水平，而且这种差距还在扩大；另一方面，武汉等 3 市之间、武汉与鄂州之间的专业化指数有所下降，表明行业结构有趋同的趋势。但武汉与黄石间、黄石与鄂州间的行业结构差异都有所扩大；而在黄冈等"外围" 6 个城市内部，多数城市间的专业化指数是上升的（其中 9 个城市间专业化指数是上升的，6 个城市间指数是下降的），这一结果表明这些"外围"城市间产业结构的差异在扩大。换言之，这些城市间产业结构同构性减弱，各城市间开始发挥各自产业的比较优势，进行合理的产业空间布局，行业相互间的同构性竞争有所减弱。

5.6.3 制造业中心值测度

如前所述，地区专业化和地区间专业化指标的分析由于缺少空间维度，其分析在方法论上存在着一定的缺陷。因此根据制造业中心值公式（5-6），对各城市制造业中心值进行计算，结果见表 5-9。

表 5-9 武汉城市圈各城市制造业中心值（2000～2013 年）

城市	2000 年	2001 年	2002 年	2003 年	2004 年	2005 年	2006 年
武汉	0.0716	0.0648	0.0653	0.0642	0.0647	0.0658	0.0647
鄂州	0.0651	0.0561	0.0620	0.0559	0.0548	0.0538	0.0521
黄石	0.0482	0.0405	0.0398	0.0395	0.0388	0.0384	0.0385
黄冈	0.0466	0.0405	0.0429	0.0402	0.0396	0.0392	0.0390
孝感	0.0336	0.0335	0.0342	0.0346	0.036	0.0360	0.0354

① 2000 年上述 6 个城市中咸宁市是个例外，与其他城市间的行业差异化明显，城市间专业化指数较高，原因和上节分析的相同，主要是由于该市制造业行业分布较少，且主要集中于纺织业等优势行业。

城市	2000 年	2001 年	2002 年	2003 年	2004 年	2005 年	2006 年
仙桃	0.0416	0.0311	0.0326	0.0335	0.0317	0.0313	0.0295
潜江	0.0228	0.0237	0.0185	0.0212	0.022	0.0223	0.0229
天门	0.0323	0.0272	0.0241	0.0240	0.0228	0.0241	0.0240
咸宁	0.0258	0.0255	0.0266	0.0268	0.0269	0.0262	0.0266
均值	0.0431	0.0381	0.0384	0.0378	0.0375	0.0375	0.0370

城市	2007 年	2008 年	2009 年	2010 年	2011 年	2012 年	2013 年	年均增长率/%
武汉	0.0589	0.065	0.0624	0.064	0.0611	0.0598	0.0587	-1.517
鄂州	0.0536	0.0539	0.0565	0.0559	0.0541	0.0550	0.0561	-1.138
黄石	0.0385	0.0385	0.0374	0.0366	0.0383	0.0423	0.0427	-0.928
黄冈	0.0397	0.0393	0.0407	0.0402	0.0398	0.0402	0.0404	-1.092
孝感	0.0357	0.0360	0.0393	0.0380	0.0368	0.0367	0.0372	0.786
仙桃	0.0317	0.0313	0.0316	0.0316	0.0329	0.0327	0.0318	-2.045
潜江	0.0229	0.0221	0.0213	0.0211	0.0258	0.0197	0.0193	-1.274
天门	0.0234	0.0237	0.0233	0.0248	0.0254	0.0275	0.0267	-1.454
咸宁	0.0258	0.0262	0.0262	0.0262	0.0263	0.0264	0.0269	0.322
均值	0.0367	0.0373	0.0376	0.0376	0.0378	0.0378	0.0378	-1.004

注：均值为该年份各城市制造业中心值的算术平均值，年均增长率为 2000～2013 年各城市制造业中心值的几何平均值

资料来源：根据武汉城市圈各城市历年统计年鉴整理而得

可以看出，2000～2013 年制造业中心值具有如下一些特点：

第一，整体上，武汉城市圈制造业中心值的均值在考察期间的年均增长率是趋于下降的，年均下降幅度达到了 1.004%，表明了城市圈制造业的空间布局在整体上有分散的趋势。而在中心值整体下降的大背景下，中心值指数上升的仅有孝感和咸宁两个城市。

第二，从历年各城市制造业中心值来看，武汉、鄂州、黄石和黄冈 4 市的指数在大多数考察年份都领先于其他城市，这 4 市与其他 5 市之间形成了一个典型的"中心—外围"的制造业空间格局模式[①]。但也发现，在考察期间，武

---

① 这一研究发现与上节中对城市间专业化指数的分析结论基本一致，只是在加入空间因素后，黄冈市加入了"中心集团"。尽管在前面的分析中，黄冈市的制造业无论是专业化指数还是城市间专业化平均水平都较低，但在加入空间距离因素后分析发现，该市的制造业中心值一直处于城市圈的前列，其制造业的市场规模较大，制造业具有一定的竞争优势。

汉等 4 个"中心"城市制造业中心值的年均增长率均为负，其行业就业占比的优势地位有所下降。而孝感、咸宁等"外围"城市的制造业中心值则有所增加，制造行业在空间上向这些城市集聚。

第三，以 2013 年各城市制造业中心值的大小来看，武汉城市圈 9 城市可以分为四类。其中，武汉和鄂州领先于其他各城市，其制造业就业的规模较大，成为城市圈制造业的中心地区，行业集聚程度最高。黄冈和黄石则处于制造业的"次中心"位置，孝感和仙桃属于第三梯队，而咸宁、天门和潜江则处于城市圈制造业的最"外围"地带，属于制造业最不发达地区。

5.7 本章小结

本章首先对武汉城市圈制造业空间集聚程度进行了测算，在此基础上，对该城市圈制造业行业专业化程度和地区专业化程度进行了测算。综合起来看，武汉城市圈制造业集聚的空间分布具有如下一些特点：

首先，从整体上看，武汉城市圈制造业在空间的集聚程度较高，而且这种集聚的趋势随着一体化进程的推进、交通运输条件的改善以及地方保护主义程度的减少等原因，将会进一步加强。进一步分析发现，制造业行业中资源性和低技术的细分行业，在空间的集聚程度较低，而大多数中高技术含量的细分行业其空间集聚程度都较高。

其次，采用 SP 指数结合集中度等方法，对行业专业化进行考察发现，从整体来看制造业行业的空间集聚程度是趋于分散的。而从各细分行业的具体 SP 值看，武汉城市圈中高技术行业的空间集聚程度高，集聚现象明显。相反，指数值较大、行业空间分布较为分散的行业，则基本都属于资源型或低技术行业，这也进一步验证了武汉城市圈资源型和低技术行业在空间分布较为分散，集聚程度较低。从集中度的视角考察发现，总体上 CR$_3$ 年均增长率的算术平均值为负，表明尽管总体上武汉城市圈制造业空间集聚程度有所加强，但占比最大的前三位城市的份额却是减少的。造成这种结果的一个可能性的解释是，尽管城市圈整体上制造业要素的空间流动性加强，要素更多地向优势区域集中，但在具体区位布局上，这种优势区位的集中性有限。集中度较高的行业，大都是属于中高技术行业。而集中度较小的行业，都大多是属于资源性或者低技术的行业。这和 EG 系数值分析得出的结论完全一致，制造业行业空间集中度同样也表现出中高技术行业在空间较为集中，而低技术和资源性行业则相对分散的特征。

再次，从地区专业化和地区间专业化考察发现，整体上城市圈各城市间的专业化程度是提高的，城市间的专业化程度差异在加强。但在加入了空间因素后，中心值则得出了各城市间专业化程度较少的结论。尽管三个指标得出了不同的结论，但均发现城市圈9个城市制造业出现了相互分化的两个集团，即形成了以武汉、鄂州、黄石、黄冈等4个制造业产业集聚较为密集的"中心"地区，而另外5个地区为制造业产业集聚度较低的"外围"地区的典型的制造业集聚"中心—外围"空间布局。而且从"中心—外围"空间结构的行业特性来看，中高技术行业较多地集聚于武汉等4个地区，其他5个地区则更多地集聚资源性和低技术行业，也就是说，制造业的行业空间布局也形成了一个典型的"中心—外围"结构。

最后，对制造业18个行业的增长集聚弹性分析发现，当前武汉城市圈绝大多数制造业细分行业的集聚经济还没有发挥最大的作用。加大交通运输等基础设施的建设，降低各城市间行政壁垒对要素空间流动的限制等，将能更有效地优化制造业要素的空间配置，发挥集聚经济和规模经济效应，增加行业的收入。

武汉城市圈制造业空间集聚的形成和变化原因是多方面的：进入21世纪以来，随着城市圈交通运输成本的下降、地方保护主义程度的降低和经济开放度的不断增加，制造业的集聚趋势不断加强；制造业不同行业间技术含量高低程度的差异，使得中高技术行业的集聚程度更高，资源性和低技术行业在空间则相对分散；而制造业历史条件的差异、基础设施禀赋高低以及市场潜能大小等的差异，则形成了以武汉等城市为中心、其他城市为外围的集聚程度和技术含量高低的两个"中心—外围"空间结构。

产业集聚是生产要素在空间自由流动和配置的结果。为充分发挥制造业的集聚效应，本书为武汉城市圈制造业发展战略的制定提供了有益的参考：继续加大对地区间交通运输等基础设施建设的投资力度，实现要素在各地区间的自由流动；努力降低地方保护主义，加快市场一体化的进程，提高全社会劳动生产率；鼓励各地区进行专业化生产，促进企业间的分工与合作，扩大生产规模，充分发挥市场潜能的作用；在制造业空间布局和调整的过程中，考虑不同行业间增长集聚弹性的大小，充分发挥制造业的增长集聚效应。

第6章
制造业空间集聚影响因素分析

在第 5 章中，首先对武汉城市圈制造业的空间集聚差异进行测度与考察，在此基础上对各城市制造业的行业专业化和地区专业化进行了详细地分析，并简要探讨了其背后的原因。本章中，将回答一个自然而然的问题：是什么因素导致武汉城市圈制造业空间集聚的形成？即哪些因素影响着武汉城市圈制造业的集聚和空间分布？

在本章中，为回答上述问题，首先对国内外影响制造业空间集聚的文献进行了一个简要的综述；其次，对武汉城市圈制造业地区集聚的决定因素进行分析和筛选，提出相应的待检验假设，并对各潜在影响变量进行测度；在构建影响武汉城市圈制造业空间集聚因素实证模型的基础上，对各潜在影响变量进行实证分析；最后，在实证分析的基础上提出相应的对策建议。

6.1 理论回顾

产业集聚是当前各国和各地区经济活动中最显著的特点之一，不同的学科因为分析问题的视角的不同，对影响产业集聚的因素也就看法各异了。

新古典经济学的创始人马歇尔较早地关注了影响产业集聚的因素。阿尔弗雷德·马歇尔（1920 年）认为三种力量共同决定了产业集聚的形成：劳动力市场共享、中间产品投入和专业化市场服务、企业间的技术溢出。其中，前两种力量表明，企业因为有大量的可共享的专业化劳动力，以及大量可相互协作的配套企业的存在而极大地降低了其生产运行的成本，因而企业倾向于布局到产业集聚地区组织生产，即表现出的企业"扎堆"现象；而企业间的技术溢出，则是指由于产业集聚在地理空间上的接近性，相互间知识传播与扩散的空间距离大为缩短，从而为非编码知识的传播与扩散提供了可能。尤其对于技术密集度高的行业，存在于产业集聚区内的非编码知识正是决定他们成败的关键因素之一，因而这些企业都倾向于产业集聚。同时，随着制造业结构的持续升级，即使是传统的行业，其技术含量也在不断提高，厂商为了获取技术溢出效应而更加有动力在产业集聚区投资办厂。也就是说，马歇尔认为技术密度的升高会增加产业的集聚度。

作为古典工业区位论的创始人，阿尔弗雷德·韦伯（1909年）强调工业企业在空间布局中运输成本和劳动力成本的重要性：他首先提出著名的运输成本指向性原理，该理论假设在不存在其他影响工业区位的因素（运输成本除外）时，制造业将被首先吸引到那些具有最低运输成本的区域，该区域既要照顾到消费市场，又要顾及原料产地，保证其运输成本总和最小；在此基础上，该模型进一步提出了劳动力成本指向原理，即工业企业的区位将根据劳动力成本的大小而进行微调，企业将被吸引到劳动力成本较低的地方，当区位改变导致劳动力成本的节约大于运输成本的增量时，受运输成本指向原理确定的企业的区位会发生第一次改变。相对于运输成本和劳动力成本而言，韦伯分析认为，影响工业企业布局的第三个主要因素——集聚因素，对企业区位的选择更加重要。因为与工业企业的各自分散布局相比，众多企业集聚在同一地域空间，能够给区域中的各个企业带来更多的收益或者节约更大的成本，这种成本的节约主要来自于空间集聚所导致的批量购买和出售规模的扩大，以及煤气、自来水等经常性开支成本的节约。总体来看，韦伯的工业区位论强调区位在工业企业产业集聚中的重要作用，工业集聚的主要原因就在于不同区域间经济地理因素的差异。该理论关注的是地理区位优势，具有区位优势的地区，其制造业的集聚度也就相应地高，从某种程度上，我们可以说，区域空间的基础设施禀赋决定着该区域的产业集聚水平。

20世纪90年代以来，随着新经济地理学（NEG）的迅速兴起，以克鲁格曼、藤田久保等为代表的众多学者对产业集聚的相关研究进入了一个全新的时代。新经济地理学关于产业集聚有两个核心假设，即报酬递增和制造业产品跨区销售存在运输成本，该学派的众多模型，都围绕这两个基本的假设而展开。

首先，当企业的生产产量增加时，固定生产成本将显著下降，即报酬递增，而当规模报酬递增存在时，企业将生产更多的产品，其平均生产成本会进一步下降，从而使得该企业具有价格上的竞争优势。因此企业具有规模进一步扩大的动力，这种正反馈将形成生产的高度集中。

与此同时，企业要实现从产品到商品的关键一跃，销售成本的大小是核心影响因素之一，而任何产品跨区销售都存在运输成本，这是企业必须考虑的核心问题。另外，制造业之间有上下游联系的产业如果集聚在一起，将能减少中间投入品的在途损耗、缩小运输成本，从而降低中间投入品的价格，由此导致厂商有动力集聚在同一区域共同分工协作。但是，当运输成本过高，以至于各区域市场间无法建立联系时，在这种情况下，本地市场的需求将促使厂商将生产分布在不同的市场区域，每个区域只有有限的厂商以报酬递增的方式生产有限的品种，市场空间格局表现为高度分离。随着运输成本的降低，其对市场可达性的制约将大大减少，只要运输成本下降到不高于成为地区间贸易的天然障碍时，产业在空间集聚产生的收益就会超过由于地区间贸易产生的成本损耗。

在新贸易理论中，内部规模经济不仅对企业的规模产生影响，而且会作用于消费者的行为。垄断竞争企业通过贸易（其实质是增加产品的消费人口）来扩大产品的种类数，产品种类数的增加和产品价格的下降都使得消费者的总体消费水平提高。从内部规模经济角度看，与规模经济密切相连的是本地市场效应。克鲁格曼等（1985 年）提出"本地市场效应"（home market effect）概念[1]，强调每个国家都倾向于出口其本国市场规模大的产品。国内生产的区域专业化理论是由国际贸易和专业化理论衍生出来的，因此，本地市场效应也成为解释一国产业集聚的一个全新的理论视角。在市场很大的地方，制造业生产就会集中，而制造业集中的地方，市场规模也会很大。

由此看来，新经济地理学认为平均企业规模的扩大、交通条件的改善等因素都会增加企业的空间集中，进而增加产业的空间集聚度，而且越是接近本地市场的区域，也就是市场潜能越大的区域，其产业的集聚程度将越高。

此外，制度经济学也对影响产业集聚的制度因素进行了分析。该学派认为产业集聚是由贸易和专业化所导致的，一个基本假定前提是商品和生产要素能够在区域间流动，因而那些直接影响商品和生产要素自由流动的制度就成为间接影响产业集聚的关键因素之一。

古今中外，几乎所有的地方政府，或多或少地都存在着一定的地方保护主义倾向，都有保护地方产业的动机。这是因为来自于地方产业的税收，是地方政府严重依赖的，同时地方政府也关心本地企业所带来的地方就业情况。为了保证税收基础和确保地方就业率，地方政府可以构建各种贸易壁垒，以保护本地产业免于外部竞争。地方保护主义为贸易设置壁垒，不同区域间商品的自由流通往往难以实现，使自由贸易变得困难，阻碍了专业化的形成，进而影响了产业空间集聚的发生。

与地方保护主义制度相反，区域间经济的开放程度促进了商品和生产要素

----

① 所谓本地市场效应，是指对规模收益递增产品有相对大需求的区域会有更大比例的产出。换句话说，在企业水平有规模收益递增特征的产业，两个区域中的相对大区域将是净出口者（Head and Mayer, 2003）。相比之下，在不变规模收益的比较优势框架下，需求大的市场往往是此种产品的进口国，因此本地市场效应可以将以递增规模收益（increasing return to scale, IRS）为特征的经济地理和以不变规模收益（constant return to scale, CRS）为特征的比较优势两种范式区分开来。

在地区间的自由流动，强化了区域间贸易和专业化的过程，使区域更有压力从事自己具有比较优势的产业，从而推动产业集聚的形成。

也就是说，制度经济学认为地方保护主义的增加会降低产业的空间集聚度，而区域间经济开放度的提升则会增加产业的集聚程度。

6.2 指标的选取及待检验假设

武汉城市圈地域面积较大，行政区划组成复杂，不同城市间的资源要素禀赋、基础设施建设、人力资本水平和制度因素等方面都存在着较大的差异。因此，要从众多影响制造业集聚的因素中选取主要的因素，并要兼顾数据的可获取性和准确性，是一件十分困难的事情。

本节将首先考虑武汉城市圈各城市间制造业发展的现状，基于现有的国内外影响制造业空间集聚的相关文献，并考虑数据的可获取性，对影响武汉城市圈制造业集聚的解释变量进行筛选，并提出待检验的假设。

6.2.1 指标的选取

在第 5 章中，已经对武汉城市圈各城市制造业细分行业的空间集聚状况进行了详细的测度，具体而言，有集中度指标、EG 指数、地区专业化指数、地区间专业化指数、制造业中心值和 SP 指数等。分析发现，这些指标尽管在某些年份的某些细分行业有所差别，但总体而言所反映的城市圈制造业空间集聚状况基本一致。鉴于制造业中心值指标考虑了反映城市圈空间距离因素，因此，在本章中，将选择该指标作为被解释变量。

结合文献综述和武汉城市圈的实际，选取了交通运输条件（TRANS）、劳动力成本（LABOR）、市场潜能（MP）、平均企业规模（SCALE）、地方保护主义（LOCAL）、经济开放度（OPEN）以及城市化率（URBAN）等 7 个指标作为影响武汉城市圈制造业空间集聚因素的变量（表 6-1），对制造业空间集聚的影响因素进行实证分析。

表 6-1 变量名称及说明

变量	变量名称	变量说明
CENTER	制造业中心值	包含空间距离的制造业集聚指数
TRANS	交通条件	单位平方千米的公路通车里程数
LABOR	劳动力成本	各城市职工的工资水平与城市圈总平均工资之比

变量	变量名称	变量说明
MP	市场潜能	Harris（1954）文献方法计算
SCALE	平均企业规模	规模以上制造业细分行业总从业人员数与企业数之比
LOCAL	地方保护主义	财政总支出占当年 GDP 的比值
OPEN	经济开放度	各城市进出口总额占当年 GDP 总量比值
URBAN	城市化率	各城市非农人口总数占地区总人口比值

6.2.2 待检验假设

1. 交通条件（TRANS）

新经济地理学创始人之一的保罗·克鲁格曼（1995 年）认为，制造业的空间集聚程度和运输成本变量之间会呈现出倒 U 形关系，即当运输成本较低或者较高时，制造业都不会集聚于某一个区域，其空间的集聚度将较低；只有当运输成本呈中间水平状态时，才有可能导致制造业的空间集聚，使制造业有较高的空间集聚度。因为如果运输成本太高，制造业集聚带来的收益无法弥补过高的运输成本（包括原材料运输成本和产品销售运输成本等），企业集聚于某一区域供应外地市场将无利可图。这时，各区域的生产基本都处于自给自足的状态；当运输成本由高逐步降低时，企业为了获得前后向联系带来的集聚经济效应而集聚，从而形成空间集聚区域，产生较高的空间集聚度；进一步地，当运输成本非常低时，企业则有可能从中心集聚区域向外围的边缘区域转移，因为，此时边缘区域较低的工资水平给企业带来的成本的节约，将会补偿因远离市场和供应商（集聚区域）而造成的损失。

作为中部地区的武汉城市圈，大多数城市交通运输等基础设施建设的水平还相对滞后，随着"两型社会"试点政策的出台，各城市近年来纷纷加大了基础设施的建设力度，交通运输条件的改善对城市圈制造业要素的空间流动产生了极大的影响。就武汉城市圈交通运输条件现状，直观地看，集聚产生的收益超过了地区贸易产生的成本的损失。也就是说，运输成本越低，集聚的净收益越大，越有利于集聚。交通运输条件的改善有助于降低运输成本。同时，也有助于降低交易成本，从而增加制造业的集聚程度。

因此，预期武汉城市圈交通运输条件的改善，与制造业的空间集聚之间具有正向相关的作用。

假设1 交通运输条件的改善将促进制造业行业的空间集聚。

2. 劳动力成本（LABOR）

如前所述，阿尔弗雷德·韦伯（1909年）认为，在工业企业的空间布局过程中，制造业将被吸引到劳动力成本较低的区域进行布局，即劳动力成本指向原理。

然而，近年来，对韦伯的这一工业企业布局的劳动力指向原理的争论较大，尤其是随着信息传播速度的日益加快，越来越多的研究表明，现代企业的目标函数不再是单纯的劳动力成本指向，而是更多地倾向于企业利润的最大化。因此，尽管劳动力成本的较小化是实现企业利润最大化目标的途径之一，但是否适合武汉城市圈的实际，则有待检验。

假设2 劳动力成本的变化对制造业行业的空间集聚影响不确定。

3. 市场潜能（MP）

市场潜能（market potential）是指在某一特定时期和特定条件下，市场对产品需求量的最乐观的估计，该指标是新经济地理学重点关注的指标之一。一方面，定位于市场潜能较大区域的企业，在前、后向关联效应的作用下，能够以较低的运输成本将产品运到市场，以及更经济快捷地获得中间投入品，从而可以获得较高的利润和生产效率；另一方面，较大的市场规模将产生更大的外部经济，也为区域内企业发明使用资源的新方法和新技术提供了更大的激励，从而可以促进更多和更快的技术创新。

随着武汉城市圈一体化进程的快速发展，加之信息化的快速推进，市场在企业的发展战略中扮演着越来越重要的角色。因此，预期市场潜能的大小对武汉城市圈制造业空间集聚产生正向的影响。

假设3 市场潜能的大小与制造业空间集聚程度的高低正相关。

4. 平均企业规模（SCALE）

新经济地理学认为，企业报酬递增的实质是一种地方现象，当企业生产规模扩大、产量增加时，其固定生产成本将显著下降，即报酬递增；反过来，由于报酬递增的存在，当企业生产大量产品时，其平均生产成本也将相应地相对降低，从而增加该企业在市场中的竞争优势和产品需求，有利于企业生产规模的进一步扩大，这种良性循环将促使企业在空间进一步集中。

也就是说，产业内的企业数目、企业间竞争程度和产品的差异化程度等，这些构成市场结构的因素，都将影响着产业的竞争环境和企业间的竞争行为。制造业企业的规模差异越大，市场集中度越高，产品市场份额越是集中于少数大规模企业，则越容易形成产业的空间集聚。

因此，我们预期武汉城市圈中，制造业企业的规模越大，越能够促使产业在空间的集聚。

假设4 平均企业规模与制造业空间集聚程度正相关。

5. 地方保护主义（LOCAL）

传统经济理论认为，政府在市场经济中履行职能是由于存在着市场失灵，也就是说，市场失灵为政府职能作用的发挥提供了依据和空间。而随着经济一体化和全球化进程的加快，培育产业空间集聚是提升一个区域经济竞争力的重要途径，正如迈克尔·波特指出的，政府是促进产业集聚发展的发动机。所以，几乎所有的地方政府，不论是经济发达地区的还是不发达地区，都存在保护地方产业的动机。一方面由于地方政府依赖于来自地方产业的税收，另一方面他们也关心地方的就业情况，为了保证税收基础和确保地方就业率，地方政府可以构筑各种贸易壁垒以保护本地产业免于外部的竞争。而地区保护主义为要素的跨区域流动设置各种壁垒，使得商品和要素的空间自由流通往往难以实现，从而阻碍了要素的流通，阻碍了专业化的形成，影响了产业空间聚集的发生。

尽管近年来武汉城市圈一体化进程推进明显，各城市间要素的空间流动速度加快，但在先行的官员和地方考核机制下，传统的"诸侯经济"思想仍将长期存在。因此，我们预期地方保护主义将对制造业空间集聚产生不利的影响。

假设5 地方保护主义对制造业空间集聚产生负向的影响。

6. 经济开放度（OPEN）

与地方保护主义相反，国内外现有的文献大多认为经济开放度的提高促进了产品和生产要素在空间的流动，强化要素的空间流动和专业化过程，使得地方更有压力从事本地具有比较优势的产业，从而推动产业集聚的形成（金煜等，2006）。

同样，随着"两型社会"试点的推进，武汉城市圈各城市间要素的空间流动加快，企业的空间布局更多地考虑经济要素和要素配置的合理性。因此，我们假定经济开放度的增加，将会促进城市圈制造业的空间集聚程度。

假设6 经济开放度与制造业空间集聚正相关。

7. 城市化率（URBAN）

城市是劳动力和资本等要素高度集聚的地区，而大多数细分行业都属于资本密集和劳动力密集的制造业，其更是具有在城市化水平较高地区集聚的基本特性。

因此，与大多相关文献的研究结论一致，我们预期武汉城市圈城市化水平的提升，对制造业的空间集聚程度有正向的影响。

假设 7 城市化率与制造业空间集聚程度正相关。

6.3 指标的测度

本章中分析影响制造业集聚程度的各因素数据，均来自武汉城市圈各城市历年的统计年鉴及相关政府网站，对于个别城市统计年鉴中少数年份没有对规模以上企业全部从业人员年平均数或企业单位数进行统计的，在计算时，采取内插值等统计方法进行处理。

6.3.1 被解释变量

尽管 EG 指数、地区专业化指数和地区间专业化指数都从不同的角度对地区间的制造业集聚程度进行了描述，但这些指标都没有考虑空间维度因素，在方法上还存在着一定的缺陷。因此，为更加客观准确地对武汉城市圈制造业空间集聚程度进行度量，引入空间距离要素，结合产业集中率的平均水平和空间距离两个因素，采用制造业中心值指标（CENTER）综合考察武汉城市圈各城市制造业集聚的情况（表6-2）。

表 6-2 2000～2013 年武汉城市圈制造业中心值

城市	2000 年	2001 年	2002 年	2003 年	2004 年	2005 年	2006 年
武汉	0.0716	0.0648	0.0653	0.0642	0.0647	0.0658	0.0647
鄂州	0.0651	0.0561	0.062	0.0559	0.0548	0.0538	0.0521
黄石	0.0482	0.0405	0.0398	0.0395	0.0388	0.0384	0.0385
黄冈	0.0466	0.0405	0.0429	0.0402	0.0396	0.0392	0.039
孝感	0.0336	0.0335	0.0342	0.0346	0.036	0.036	0.0354
仙桃	0.0416	0.0311	0.0326	0.0335	0.0317	0.0313	0.0295
潜江	0.0228	0.0237	0.0185	0.0212	0.022	0.0223	0.0229

城市	2000 年	2001 年	2002 年	2003 年	2004 年	2005 年	2006 年
天门	0.0323	0.0272	0.0241	0.024	0.0228	0.0241	0.024
咸宁	0.0258	0.0255	0.0266	0.0268	0.0269	0.0262	0.0266
均值	0.0431	0.0381	0.0384	0.0378	0.0375	0.0375	0.037

城市	2007 年	2008 年	2009 年	2010 年	2011 年	2012 年	2013 年	年均增长率/%
武汉	0.0589	0.065	0.0624	0.064	0.0611	0.0598	0.0587	-1.517
鄂州	0.0536	0.0539	0.0565	0.0559	0.0541	0.055	0.0561	-1.138
黄石	0.0385	0.0385	0.0374	0.0366	0.0383	0.0423	0.0427	-0.928
黄冈	0.0397	0.0393	0.0407	0.0402	0.0398	0.0402	0.0404	-1.092
孝感	0.0357	0.036	0.0393	0.038	0.0368	0.0367	0.0372	0.786
仙桃	0.0317	0.0313	0.0316	0.0316	0.0329	0.0327	0.0318	-2.045
潜江	0.0229	0.0221	0.0213	0.0211	0.0258	0.0197	0.0193	-1.274
天门	0.0234	0.0237	0.0233	0.0248	0.0254	0.0275	0.0267	-1.454
咸宁	0.0258	0.0262	0.0262	0.0262	0.0263	0.0264	0.0269	0.322
均值	0.0367	0.0373	0.0376	0.0376	0.0378	0.0378	0.0378	-1.004

资料来源：根据武汉城市圈各地区历年统计年鉴计算而得

6.3.2 解释变量

1. 交通条件（TRANS）

表 6-3 是武汉城市圈各城市交通条件的测度值，采用各城市的公路通车里程数与各城市所辖区域面积之比来表示。很显然，该值越大，表明城市的公路交通运输越发达。

表 6-3　2000~2013 年武汉城市圈公路交通状况　（单位：1/千米）

城市	2000 年	2001 年	2002 年	2003 年	2004 年	2005 年	2006 年
武汉	0.6277	0.6608	0.7791	0.9299	0.9574	1.0949	1.3384
黄石	0.3554	0.5651	0.5942	1.6167	0.6921	0.7822	0.8045
鄂州	0.8127	1.1013	1.1013	1.1070	1.1722	1.2808	1.6856
黄冈	0.5437	0.6900	1.2624	1.2633	1.2665	1.2698	1.2699
孝感	0.4685	0.4997	0.4965	0.5669	0.5155	0.5753	1.2468

城市	2000 年	2001 年	2002 年	2003 年	2004 年	2005 年	2006 年
仙桃	0.5158	0.5867	0.6588	0.7297	0.7431	0.7431	1.5485
潜江	0.7392	0.6276	0.8307	0.8306	0.8307	0.8318	1.0680
天门	0.3749	0.3877	0.4146	0.4455	0.4497	0.8619	1.0783
咸宁	0.3865	0.3865	0.3943	0.4541	0.4751	0.4751	1.2042
平均值	0.5360	0.6117	0.7258	0.8826	0.7891	0.8794	1.2427

城市	2007 年	2008 年	2009 年	2010 年	2011 年	2012 年	2013 年	年均增长率/%
武汉	1.3556	1.359	1.3623	1.4362	1.5426	1.5701	1.6508	7.7220
黄石	0.8425	0.9863	1.0277	1.0729	1.1152	1.177	1.2463	10.1326
鄂州	1.7107	1.8255	1.796	1.8280	1.8977	1.9447	2.0313	7.3009
黄冈	1.2668	1.0552	1.2677	1.3413	1.3814	1.4261	1.4870	8.0467
孝感	1.2559	1.2325	1.3010	1.3577	1.4008	1.4481	1.5377	9.5733
仙桃	1.5485	1.5481	1.5615	1.5804	1.5827	1.5961	1.6820	9.5188
潜江	1.0817	1.0943	1.1612	1.2151	1.254	1.2872	1.3443	4.7078
天门	1.0622	1.1030	1.1381	1.1850	1.3181	1.4375	1.5021	11.2676
咸宁	1.1982	1.2473	1.2784	1.3213	1.3415	1.3738	1.4277	10.5742
平均值	1.2580	1.2724	1.3215	1.3709	1.4260	1.4734	1.5455	8.4869

注：平均值为各地区数值的简单算术平均值，增长率则为各地区 2000～2007 年的几何平均值

资料来源：根据武汉城市圈各地区 2000～2008 年《统计年鉴》及政府统计资料计算整理而得

进入 21 世纪以来，随着对交通运输条件重要性认识的日益加深，各城市都加大了投入力度，城市圈整体公路建设发展较快。考察期间，公路通车里程数与区域面积之比的年均增长速度达到了 8.49%。其中，天门市、咸宁市和黄石市的年均增长速度，更是超过了 10%。

2. 劳动力成本（LABOR）

本节中劳动力成本指标，采用各城市单位职工平均工资与城市圈职工当年平均工资之比来表示，以衡量各城市劳动力成本的大小（表 6-4）。

表 6-4　2000～2013 年武汉城市圈职工平均工资占比

城市	2000 年	2001 年	2002 年	2003 年	2004 年	2005 年	2006 年
武汉	1.1538	1.2264	1.2779	1.336	1.4287	1.5190	1.6107
黄石	1.0434	1.0945	1.1478	1.1831	1.1652	1.1585	1.1268

城市	2000 年	2001 年	2002 年	2003 年	2004 年	2005 年	2006 年
鄂州	1.0340	0.9756	0.9351	0.9486	0.9502	0.9604	0.9751
黄冈	0.9554	0.9203	0.9616	0.9065	0.8631	0.8659	0.8393
孝感	0.9247	0.9086	0.9521	0.9131	0.9061	0.8830	0.8666
仙桃	0.8837	0.8779	0.8665	0.9137	0.8851	0.8464	0.8207
潜江	1.1658	1.1727	1.1207	1.0861	1.1055	1.0663	1.0206
天门	0.9224	0.9111	0.9033	0.8744	0.8568	0.8429	0.8772
咸宁	0.9171	0.9129	0.8355	0.8386	0.8395	0.8576	0.8626

城市	2007 年	2008 年	2009 年	2010 年	2011 年	2012 年	2013 年
武汉	1.4966	1.5367	1.5399	1.5472	1.5818	1.5674	1.5638
黄石	1.0359	1.0069	0.945	0.9278	0.9346	0.9634	1.0347
鄂州	0.9170	0.9137	0.9132	0.886	0.909	0.8893	0.8650
黄冈	0.7914	0.8669	0.8883	0.8665	0.8905	0.8875	0.8808
孝感	0.8592	0.8585	0.8372	0.8451	0.8846	0.9025	0.9198
仙桃	0.9641	0.9014	0.8485	0.9037	0.9536	0.9506	0.9835
潜江	1.1635	1.1839	1.1909	1.1510	1.0966	1.1263	1.0700
天门	0.9120	0.8642	1.0005	1.0213	0.9232	0.877	0.8376
咸宁	0.8605	0.8678	0.8364	0.8516	0.8261	0.8358	0.8449

资料来源：同表 6-3

在考察期间，各城市间职工平均工资水平有较大的差别。以 2013 年为例，工资水平最高的武汉市其值为 1.5638，而最小的天门市该值仅为 0.8376，武汉职工平均工资占比超过天门职工平均工资占比的 86.7%。仅武汉、黄石和潜江三个城市的职工平均工资占比大于 1，也就是说只有这三个城市职工平均工资在城市圈整体平均水平之上，另外 6 个城市的职工平均工资都低于城市圈平均水平；从各城市职工平均工资水平变化看，考察期间，仅有武汉市的职工平均工资占比是增加的，其他城市都出现了不同程度的下降。尤其是鄂州市，从 2000 年的 1.0340 下降到 2013 年的 0.8650，下降幅度很大。

3. 市场潜能 （MP）

对市场潜能进行度量的研究，最早可以追溯到 Harris，他认为工业选址时，厂商偏好选择接近消费者的地方。在此基础上，他首次采用市场潜能函数来衡量一个地区同消费者（市场）的接近度，认为某一地区的市场潜能与其周边地区的购买力总和成正比，而与该地区到其他地区之间的距离成反比。

因此，一个城市的市场潜能可以用其邻近地区的市场购买力的加权平均和来衡量，权数与距离成反比关系。其计算公式为：

$$\mathrm{MP}_i = \sum_{j \neq i} \frac{Y_j}{d_{ij}} + \frac{Y_i}{d_{ii}} \tag{6-1}$$

式中，Y_i 是城市 i 的收入水平（即以收入水平来表征其市场购买力），Y_j 则表示城市 j 的收入水平，d_{ii} 表示城市内距离，即城市距其自身的距离，d_{ij} 是城市 i 和城市 j 的距离[①]。

表 6-5 是采用 Harris 的方法对武汉城市圈各城市的市场潜能进行度量的结果，其中 Y 值采用的是各城市历年的人均 GDP 指标。

表 6-5　2000～2013 年武汉城市圈市场潜能值

（单位：万元/千米）

城市	2000 年	2001 年	2002 年	2003 年	2004 年	2005 年	2006 年
武汉	0.0991	0.1096	0.1191	0.1317	0.1503	0.1633	0.1864
黄石	0.1069	0.1182	0.1312	0.1455	0.1647	0.1798	0.2036
鄂州	0.1680	0.1866	0.2037	0.2232	0.2512	0.2632	0.2991
黄冈	0.1588	0.1745	0.1916	0.2114	0.2395	0.2645	0.3013
孝感	0.0776	0.0845	0.0927	0.1013	0.1142	0.1237	0.1400
仙桃	0.0964	0.1062	0.1154	0.1278	0.1406	0.1532	0.1756
潜江	0.0878	0.0981	0.1065	0.1179	0.1317	0.1437	0.1667
天门	0.0896	0.0974	0.1053	0.1170	0.1295	0.1395	0.1603
咸宁	0.0684	0.0752	0.0824	0.0903	0.1034	0.1134	0.1303
平均值	0.1058	0.1167	0.1275	0.1407	0.1583	0.1716	0.1959

城市	2007 年	2008 年	2009 年	2010 年	2011 年	2012 年	2013 年	年均增长率/%
武汉	0.2149	0.2859	0.3235	0.3841	0.468	0.5386	0.5983	14.8326
黄石	0.2446	0.3067	0.3494	0.4229	0.5319	0.6063	0.6526	14.9307
鄂州	0.3635	0.4625	0.5323	0.6492	0.8114	0.9249	1.0102	17.7970
黄冈	0.3625	0.4651	0.5390	0.6519	0.8084	0.9227	1.0161	15.3471
孝感	0.1613	0.2156	0.2435	0.2889	0.3541	0.4077	0.4547	14.5688
仙桃	0.1994	0.2653	0.302	0.363	0.4586	0.5296	0.5962	15.0457

[①] 在计算中，d_{ij} 表示城市 i 和城市 j 之间的欧式直线距离，而内部距离则表征城市 i 距其自身的距离，其计算公式为 $d_{ii} = \frac{2}{3}\left(\frac{\text{城市面积}}{\pi}\right)^{\frac{1}{2}}$。

城市	2007 年	2008 年	2009 年	2010 年	2011 年	2012 年	2013 年	年均增长率/%
潜江	0.1824	0.2659	0.2963	0.3539	0.4542	0.5139	0.5541	15.2247
天门	0.1849	0.2430	0.2712	0.3247	0.4104	0.4736	0.5400	14.8171
咸宁	0.1530	0.1968	0.2262	0.2734	0.3398	0.3916	0.4319	15.2295
平均值	0.2296	0.3008	0.3246	0.4124	0.5152	0.5899	0.6505	14.9937

资料来源：同表 6-3

考察期间，武汉城市圈整体市场潜能有了很大的提升，市场潜能的平均值从 2000 年的 0.1058 上升到 2013 年的 0.6505，年均增长率达到了 14.9937%；从各城市来看，各城市市场潜能年均增加值至少保持着 14% 的增长速度，其中鄂州的增长速度更是达到了 17.7970%；从 2013 年各城市的值来看，黄冈、鄂州、黄石和武汉 4 个城市的市场潜能值处在城市圈各城市前列。

4. 平均企业规模（SCALE）

在本章中，为了保持所选择的各个影响因素值在量纲上的一致，同时又不对统计指标的统计学意义有所改变，因此对以单位企业从业人数表征的平均企业规模进行变形，与劳动力成本的计算方法相同，采用各城市制造业单位企业平均从业人数与城市圈总体平均单位企业从业人员数之比来表示。表 6-6 即为变形后的各城市平均企业规模数，该值越大，表明企业规模越大。

表 6-6　2000 ~ 2013 年武汉城市圈平均企业规模值

城市	2000 年	2001 年	2002 年	2003 年	2004 年	2005 年	2006 年
武汉	1.4226	1.3928	1.4479	1.3343	1.3086	1.2333	1.3220
鄂州	0.8400	0.9025	0.8765	0.9519	0.9306	0.9747	0.9338
黄石	1.8641	1.8219	1.6844	1.5524	1.6762	1.6693	1.7466
黄冈	0.6346	0.6735	0.6908	0.6908	0.6803	0.7414	0.7055
孝感	0.6146	0.6756	0.6767	0.7773	0.8113	0.9117	0.8635
仙桃	1.1368	1.0734	1.1681	1.2529	1.0581	1.0475	1.0520
潜江	0.7072	0.7993	0.7659	0.8307	0.9271	0.9261	0.9647
天门	0.9606	0.7880	0.7871	0.8468	0.7665	0.7264	0.7013
咸宁	0.8195	0.8731	0.9028	0.7628	0.8414	0.7696	0.7106

城市	2007 年	2008 年	2009 年	2010 年	2011 年	2012 年	2013 年	年均增长率/%
武汉	1.2962	1.4799	1.3073	1.3356	1.2638	1.0333	1.1572	−0.0158
鄂州	0.8018	0.8083	0.9876	0.9627	0.5379	0.5725	0.6551	−0.0189
黄石	1.9410	1.2977	1.2739	1.2455	1.3726	1.1510	1.2011	−0.0332
黄冈	0.6014	0.6247	0.6155	0.5869	0.5640	0.5299	0.6209	−0.0017
孝感	0.8134	0.8612	1.0279	0.9086	0.6984	0.7174	0.8351	0.0239
仙桃	1.1394	1.3241	1.2124	1.2338	1.2037	1.2467	1.3602	0.0139
潜江	0.9883	1.0138	1.0042	0.8144	1.3245	1.1222	1.3403	0.0504
天门	0.7673	0.8915	0.8955	1.2452	1.4566	2.0697	1.1326	0.0127
咸宁	0.6512	0.6987	0.6756	0.6674	0.5785	0.5573	0.6973	−0.0123

资料来源：同表 6-3

首先，整体上看，武汉城市圈制造业企业的平均规模是在不断减小的，数据显示，城市圈平均企业人数从 2000 年的 313 人下降到 2013 年的 246 人。这一方面表明随着市场经济的推进，企业不断地根据其自身经济效益的实际缩小企业规模，减少企业内部规模不经济。另一方面，城市圈历史上制造业国有大型企业较多，企业规模庞大，随着企业改制等政策的实施，众多大型、超大型企业不断压缩规模，使得企业平均规模不断减少。另外，随着市场经济的深入，城市圈各种规模较小，经营灵活而经济效益较高的中小型私营、合作制、股份制企业快速发展，也是城市圈制造业企业整体规模不断下降的原因；其次，从各城市平均企业规模值的变化发现，考察期间，武汉、鄂州、黄冈、黄石和咸宁等 5 市的平均企业规模值是下降的，而孝感等另外 4 个城市的值是上升的。而仔细分析发现，武汉等 5 个城市历史上都是国有大中型工业企业较为集中的地区，而孝感等 4 个企业规模值上升的城市则是近年来民营经济快速发展、众多中小型企业快速出现的地区，这也从侧面印证了城市圈整体制造业企业平均规模的演进态势。

5. 地方保护主义（LOCAL）

从现有文献来看，在分析地方保护主义对产业集聚形成和发展的影响时，一般很难直接度量中国国内地区（城市）之间保护的程度。白重恩等（2004）假设，地区集中度在过去取得高利润或高税收的行业较低，并分析了国有企业所占比例高的地区往往具有更高的保护动机。

因此，综合现有文献，结合武汉城市圈制造业发展的实际，在本章中将使用政府参与经济活动的程度来间接度量地方保护主义指标。这种方法的合理性在于政府参与经济活动越多，越容易通过国有经济实施相关的保护政策，即市场化水平就越低。具体来说，使用财政总支出占当年 GDP 的比值来表示市场化的发展水平，也就是用此指标来衡量地方保护主义程度（表6-7）。

表6-7 2000～2013 年武汉城市圈财政支出占 GDP 比例

城市	2000 年	2001 年	2002 年	2003 年	2004 年	2005 年	2006 年
武汉	0.0738	0.0843	0.0815	0.0842	0.0884	0.0929	0.1156
黄石	0.0566	0.0657	0.0549	0.0557	0.0633	0.0693	0.0818
鄂州	0.0670	0.0707	0.0599	0.0604	0.0764	0.0706	0.0805
黄冈	0.1029	0.1128	0.1179	0.1200	0.1257	0.1464	0.1709
孝感	0.0529	0.0619	0.0631	0.0623	0.0611	0.0776	0.0841
仙桃	0.0552	0.0529	0.0515	0.0520	0.0512	0.0465	0.0426
潜江	0.0358	0.0515	0.0604	0.0659	0.0727	0.0815	0.0925
天门	0.0323	0.0357	0.0425	0.0383	0.0482	0.0439	0.0592
咸宁	0.0878	0.1044	0.1072	0.1087	0.1116	0.1316	0.1561
平均值	0.0627	0.0711	0.0710	0.0720	0.0776	0.0845	0.0981

城市	2007 年	2008 年	2009 年	2010 年	2011 年	2012 年	2013 年	年均增长率/%
武汉	0.1208	0.1165	0.1541	0.1779	0.1890	0.1106	0.1241	4.0784
黄石	0.0958	0.1311	0.1671	0.1825	0.1921	0.1619	0.2146	10.7995
鄂州	0.0855	0.0888	0.1102	0.1088	0.1155	0.1119	0.1123	4.0489
黄冈	0.1880	0.1944	0.2374	0.2587	0.2772	0.2831	0.2932	8.3885
孝感	0.0914	0.0911	0.0995	0.1103	0.1213	0.1299	0.1425	7.9220
仙桃	0.0392	0.0732	0.1082	0.1131	0.1097	0.1074	0.1005	4.7104
潜江	0.1000	0.1164	0.1525	0.1549	0.1421	0.1497	0.1420	11.1747
天门	0.0718	0.0900	0.1077	0.1288	0.1403	0.1302	0.1274	11.1363
咸宁	0.1269	0.1531	0.1888	0.1823	0.1870	0.1936	0.2118	7.0020
平均值	0.1022	0.1172	0.1473	0.1575	0.1638	0.1532	0.1631	7.6321

资料来源：同表6-3

从表6-7可以看出，考察期间，整体上武汉城市圈各城市财政总支出占 GDP 的比例呈不断上升的趋势，年均增长率达到 7.6321%，表明城市圈各城市政府在经济发展中占重要的地位。从各城市的发展来看，9 个城市中，潜江市、天门市和黄石市的年均增长率都超过了 10%。年均增长最小的鄂州市，其增长率也超过4%；尽管整体上城市圈财政支出占 GDP 比例增长较快，但不同城市间该值的差异较大。以 2013 年为例，占比最高的黄冈市，其财政总支出接近当年 GDP 总值的 30%，而占比最小的仙桃市，则仅为 10.05%。由此可以看出，不同城市间政府在经济中发挥的作用差别较大。

6. 经济开放度 (OPEN)

对经济开放度指标的构建，结合现有文献，本章采用各地区进出口总额占当年 GDP 总量的比例来表示，其中汇率采用当年平均汇率进行折算[①]。

表 6-8　2000~2013 年武汉城市圈进出口总额占 GDP 比例

城市	2000 年	2001 年	2002 年	2003 年	2004 年	2005 年	2006 年
武汉	0.1392	0.1335	0.1241	0.1599	0.1888	0.2217	0.2332
黄石	0.1434	0.1262	0.1367	0.1075	0.1600	0.1704	0.2009
鄂州	0.1012	0.0873	0.0857	0.0763	0.0977	0.0700	0.0669
黄冈	0.0433	0.0392	0.0407	0.0360	0.0462	0.0427	0.0467
孝感	0.0283	0.0277	0.0274	0.0291	0.0161	0.0351	0.0385
仙桃	0.0465	0.0385	0.0392	0.0463	0.0521	0.0606	0.0767
潜江	0.0554	0.0563	0.0605	0.0598	0.0612	0.0540	0.0778
天门	0.0092	0.0107	0.0227	0.0111	0.0170	0.0204	0.0235
咸宁	0.0234	0.0280	0.0425	0.0493	0.0235	0.0217	0.0266
平均值	0.0655	0.0608	0.0644	0.0639	0.0736	0.0774	0.0879

城市	2007 年	2008 年	2009 年	2010 年	2011 年	2012 年	2013 年	年均增长率/%
武汉	0.2328	0.2360	0.1696	0.2196	0.2177	0.1605	0.1488	0.5143
黄石	0.1957	0.1845	0.1370	0.1479	0.1542	0.1256	0.1546	0.5802
鄂州	0.0573	0.0451	0.0357	0.0341	0.0449	0.0474	0.0481	-5.5611
黄冈	0.0559	0.0457	0.0448	0.0207	0.0212	0.0227	0.0249	-4.1667
孝感	0.0349	0.0377	0.0223	0.0312	0.0342	0.0446	0.0512	4.6661
仙桃	0.0718	0.0652	0.0791	0.0667	0.0563	0.0646	0.0787	4.1307
潜江	0.0668	0.0791	0.0583	0.0423	0.0625	0.0511	0.0520	-0.4860
天门	0.0441	0.0235	0.0169	0.0158	0.0106	0.0104	0.0113	1.5941
咸宁	0.0270	0.0256	0.0199	0.0245	0.0292	0.0242	0.0255	0.6633
平均值	0.0874	0.0825	0.0648	0.0670	0.0701	0.0612	0.0661	0.2150

资料来源：同表 6-3

[①]　2000~2004 年的人民币对美元的汇率年度平均值均为 8.27，2005~2013 年分别为：8.1、7.8、7.5、6.95、6.83、6.77、6.46、6.31 和 6.19。

从表6-8可以看出，整体而言，武汉城市圈进出口总额占 GDP 比例较低，与外向型经济发达的长三角、珠三角、环渤海等区域相比，其对外开放度整体还较低，2013 年进出口总额占当年 GDP 比例仅为6.61%；而与此同时，在城市圈内部不同城市间进出口总额差异极大，以 2013 年为例，外向型较大的黄石市和武汉市，其进出口总额占 GDP 比例分别达到了 15.46% 和 14.88%，而外向型最低的天门市，其比值仅为 1.13%。

7. 城市化率（URBAN）

现有对城市化水平度量的文献中，有从非农人口总数占总人口的比例，从城镇户籍人口占总人口的比例等角度进行度量。本报告根据武汉城市圈发展的实际，并结合统计数据的可获取性，采用各地非农人口总数占地区总人口的比例来表示城市化水平，即城市化率。

表 6-9　2000～2013 年武汉城市圈城市化率

城市	2000 年	2001 年	2002 年	2003 年	2004 年	2005 年	2006 年
武汉	0.5842	0.5923	0.5987	0.6087	0.6167	0.6278	0.6339
鄂州	0.2942	0.2938	0.2946	0.2952	0.3050	0.3486	0.3808
黄石	0.3574	0.3551	0.3528	0.3531	0.3531	0.3517	0.3566
黄冈	0.1802	0.1864	0.1784	0.1800	0.2357	0.2245	0.2275
孝感	0.1891	0.1950	0.1991	0.2026	0.2176	0.2376	0.2473
仙桃	0.2697	0.2704	0.2886	0.2949	0.3056	0.3521	0.3726
潜江	0.3073	0.3081	0.3105	0.3122	0.3061	0.3001	0.3023
天门	0.2639	0.2639	0.2751	0.2751	0.2856	0.3498	0.3603
咸宁	0.2785	0.2807	0.2705	0.2745	0.2768	0.2808	0.2838
平均值	0.3048	0.3071	0.3097	0.313	0.3257	0.3439	0.3539

城市	2007 年	2008 年	2009 年	2010 年	2011 年	2012 年	2013 年	年均增长率/%
武汉	0.6383	0.6448	0.6475	0.6469	0.6607	0.6754	0.6759	1.1279
鄂州	0.3845	0.3822	0.4039	0.4312	0.4511	0.4701	0.4773	3.7923
黄石	0.3604	0.3678	0.3693	0.4247	0.4511	0.4608	0.4633	2.0164
黄冈	0.2262	0.2275	0.2539	0.2509	0.2514	0.2547	0.2581	2.8022
孝感	0.2612	0.2629	0.2661	0.2681	0.2717	0.2777	0.2858	3.2281
仙桃	0.3844	0.3812	0.3884	0.3748	0.3917	0.3866	0.3858	2.7922
潜江	0.3042	0.3044	0.3053	0.4807	0.4849	0.5185	0.5223	4.1645
天门	0.3701	0.3214	0.3214	0.3234	0.3269	0.3322	0.3440	2.0600
咸宁	0.2934	0.2925	0.2946	0.2972	0.3002	0.3033	0.3080	0.7775
平均值	0.3603	0.3539	0.3612	0.3887	0.3989	0.4088	0.4134	2.5290

资料来源：同表 6-2

从表 6-9 中可以看出，在考察期间，整体而言，武汉城市圈城市化水平提高较快，保持了 2.529% 的年均增长水平，2013 年达到了 41.34%；在整体保持较快城市化水平增长的背景下，各城市间城市化水平差别较大，以 2013 年为例，城市化水平最高的武汉市，其值达到了 67.59%，而最小的黄冈市，则只有 25.81%。

6.4 模型的构建及实证分析

本章主要从交通运输条件、劳动力成本、市场潜能、企业规模、地方保护主义、经济开放度以及城市化水平等 7 个因素，来考察武汉城市圈制造业集聚的影响因素。本章的首要目的，在于研究上述 7 个因素在城市圈各城市间空间分布的差异，探讨这些因素是否构成空间制造业集聚程度，如果构成影响，则探讨该因素在多大程度上决定着制造业的空间集聚。

考虑到各城市数值样本个体间存在的差异，将这种差异用截距项的差异来反映，即用变化的截距来反映模型中忽视的反映个体差异的变量影响。因此，在面板数据中，采用变截距模型。同时，当样本个体之间的差异可以被看成回归系数的参数变动时，固定效应模型适合应用于包含时间序列和截面数据的分析中。即使样本个体是随机抽自一个大的总体时，若仅对样本自身进行分析，选择固定效应模型仍然是合适的。

有鉴于此，本章中根据面板数据的特征，以及所选需要检验的对武汉城市圈制造业空间集聚影响的 7 个因素，构建如下模型：

$$CENTER_{it} = \alpha_0 + \alpha_1 \cdot TRANS_{it} + \alpha_2 \cdot LABOR_{it} + \alpha_3 \cdot MP_{it} + \alpha_4 \cdot SCALE_{it}$$
$$+ \alpha_5 \cdot LOCAL_{it} + \alpha_6 \cdot OPEN_{it} + \alpha_7 \cdot URBAN_{it} + \varepsilon_{it} \tag{6-2}$$

其中，i 表示城市圈中各地区，t 表示 2000~2013 年各年份，$CENTER_{it}$ 表示各年份各地区的制造业集聚指数，其他变量的意义与之类似。

如前所述，在估计形式的设定上，对截距的处理方式采用固定效应，而在面板方程估计权重的选择方面，采用广义最小二乘（GLS），使用估计的截面残差的方差，目的是减少由截面数据造成的异方差影响。

对式（6-2）进行 GLS 回归，结果见表 6-10。

表 6-10 固定效应变截距模型 GLS 回归结果

变量	系数	标准误差	t 值
C	0.0462***	0.0043	10.7488
TRANS	0.0018**	0.0009	2.0556

变量	系数	标准误差	t 值
LABOR	−0.0054**	0.0026	−2.0769
MP	0.0044	0.0027	1.6404
SCALE	0.0037***	0.0012	3.1180
LOCAL	−0.0067	0.0100	−0.6675
OPEN	−0.0025	0.0131	−0.1900
URBAN	−0.0139*	0.0071	−1.9588
R−squared	0.9744		
D.W	2.2565		
F−statistic	278.7989		
Observations	126.0000		

*、**、***分别表示在10%、5%和1%水平上显著

回归结果反映在回归方程中为①：

$$CENTER_{it} = 0.0462 + 0.0018 \cdot TRANS_{it} - 0.0054 \cdot LABOR_{it} + 0.0044 \cdot MP_{it}$$
$$(0.0043^{***}) \quad (0.0009^{**}) \quad (0.0026^{**}) \quad (0.0027)$$
$$+0.0037 \cdot SCALE_{it} - 0.0067 \cdot LOCAL_{it} - 0.0025 \cdot OPEN_{it} - 0.0139 \cdot URBAN_{it}$$
$$(0.0012^{***}) \quad (0.01) \quad (0.0131) \quad (0.0071^{*})$$
$$R^2 = 0.9744 \quad D.W = 2.2565 \quad F\text{-Statistic} = 278.7898$$

从回归方程可以看出，模型的整体显著性较好，拟合度较高，也不存在自相关性。

而在考察的7个影响变量中，市场潜能、地方保护主义、经济开放度三个因素对武汉城市圈制造业集聚的影响不显著，而另外四个因素，即交通运输条件、劳动力成本、企业规模和城市化水平则对制造业集聚具有显著的影响。

（1）武汉城市圈交通运输条件的改善对该地区制造业集聚有着显著的正向影响，这点与预期的一致。进入21世纪以来，尤其武汉城市圈被批准为两型社会试点示范区以来，该地区加大了交通运输基础设施建设的力度，各地区内部，以及地区之间的道路设施越来越完善，运输成本大为降低。而交通运输条件的改善，极大地降低了地区之间的交易成本，增强制造业的空间集聚程度。

---

① 括号中是数据为 t 检验值；*、**、***分别表示在10%、5%和1%水平上显著。

（2）劳动力成本的提高，对武汉城市圈制造业集聚程度的提高具有负向的影响。由此结果可以看出，韦伯所强调的工业布局劳动力成本指向原理，在武汉城市圈适用，职工平均工资越高的地区，对制造业企业的吸引能力越弱，其空间布局越趋向于分散。

（3）企业规模的扩大，对武汉城市圈制造业集聚具有显著的正向影响，这一结论与预期相一致。武汉城市圈当前以人数表征的制造业企业规模的扩大，将意味着对制造业的空间集聚产生正向的作用。

（4）城市化水平的提高，对武汉城市圈制造业集聚具有显著的负影响，这一结论与预期的结果相反。之所以会出现这样的结果，可能是两方面的原因：第一，可能是以非农人口占总人口的比例来表征城市化水平指标存在一定的误差，进而影响回归的结果；第二，可能是由于武汉城市圈一些地区尽管以非农人口占总人口比例来计算的城市化水平较高，但吸引制造业集聚的城市基础设施、人力资本等硬件和软件配套还远没有跟上。

6.5 结论及建议

影响制造业集聚的因素是相当复杂的，本节利用武汉城市圈 21 世纪以来 14 年的面板数据，分别从交通运输条件、劳动力成本、市场潜能、企业规模、地方保护主义、经济开放度以及城市化水平等 7 个方面，对制造业集聚度的影响因素进行了检验，结果市场潜能、地方保护主义和经济开放度等 3 个影响因素未能通过显著性检验，而在通过检验的四个因素中，交通运输条件、企业规模回归的结果与预期结论相一致，劳动力成本的提高对制造业空间集聚有负向的影响，而城市化水平的回归结果则与预期相反。导致这些结果出现的原因是多方面的，既有可能是变量处理过程中数据上出现的误差，也有可能是武汉城市圈各地区目前发展过程中出现的一些不同于其他地区的问题。

以上研究结论为武汉城市圈制造业发展战略的制定提供了有益的参考，即武汉城市圈应该继续加大对交通运输等基础设施的投资力度，实现生产要素在空间的自由流动，促使资源配置的最优；努力为企业扩大规模创造条件，发挥规模经济效应，促进地区制造业的发展，进而提高制造业的劳动生产率；加快城市化建设的步伐，加强城市软硬件设施建设，发挥城市在经济发展中的规模效应。

第 7 章
城市圈经济增长与制造业空间集聚

前 3 章分别从不同的角度考察了武汉城市圈各城市间经济增长的差距、制造业空间集聚程度的差异，以及影响各城市制造业集聚的因素。接下来，一个很自然的问题是：武汉城市圈各城市间经济增长与制造业的空间集聚之间有着怎样的关系呢？

本章将在前面研究的基础上，对武汉城市圈各地区制造业集聚程度与经济增长之间的关系进行实证分析。全章的基本结构安排如下：首先，将对国内外产业集聚与经济增长之间关系研究的现有文献，进行一个简要的回顾；其次，在对数据的选取和处理、变量的选择进行介绍的基础上，构建面板数据模型，对两者之间的关系进行实证分析；最后，在对实证结果进行解释的基础上，提出相关的政策建议。

7.1 文 献 回 顾

最早对产业集聚与经济增长之间关系进行研究的相关文献，要追溯到 20 世纪 50 年代。佩鲁（1955）、缪尔达尔（1957）和赫希曼（1958）等都研究过经济活动集聚和地区增长之间的相互作用关系，并在现象描述的基础上，提出了一系列的假说以对两者之间的关系进行分析，但这些假说更多的是一种描述，而缺乏系统的理论和方法。随着 20 世纪 90 年代新经济地理学的迅速崛起，大批学者开始对两者之间的关系从理论的视角进行探讨，产生了大量的成果，并开始系统地作为一个全新的专门领域来进行研究（克鲁格曼，1991；布雷克和亨德森，1999；藤田等，2002）。

克鲁格曼（1991）以马歇尔（Marshall，1920）外部性和规模经济为基础，构建了一个全新的"新贸易模型"，来分析企业经济活动在空间的分布方式。该模型认为，集聚是运输成本和规模经济两种力量相反作用的结果。如果企业的最优目标是最小化运输成本，则该企业的选址倾向于在距离上游供应商和最终消费者较近的地区。反之，如果该企业的最优目标是实现规模经济，则其选址倾向于集聚，而不会选择分散布局生产地点。所以，运输成本和技术的变化会使得企业重新选址，从而会导致生产活动出现空间集聚的现象。虽然该模型没有直接将集聚与经济增长两者联系起来，但内生经济增长理论的发展却架起了两者之间的桥梁。

新经济地理学的相关理论认为，地理位置上的接近对于企业与企业，以及其他机构通过垂直或者水平联系获得溢出收益是极为重要的，而根据内生经济增长理论，知识的溢出对经济增长有显著的正作用。从这个角度来看，企业经济活动的空间集聚与经济增长之间就必然表现出非常明显的正相关关系。也就是说，产业集聚可以减少企业间雷同的研发活动、提高企业纵向一体化程度、发挥规模经济等，从而有利于提高企业的劳动生产率，而且由于产业集聚，企业还更容易获得在同一产业中产生的知识溢出效应，也就是更大的马歇尔-阿罗-罗默（Marshall- Arrow- Romer）外部性（Glaeser，1992；Combes，2000）。以这一理论为基础，一些学者在不完全竞争、自由进入和消费者倾向多样化的假设下，试图将新经济地理模型和内生经济增长模型两者结合起来，解释经济集聚和经济增长两者间的相互影响（Baldwin，1999；Martin and Ottaviano，1999；Ottaviano and Martin，2001）。除此之外，还有一些学者进一步探讨了集聚和经济增长的内在机制，尤其注重了对技术的流动性（Waltz，1996；Black and Henderson，1999）和城市化（Feldman and Audrests，1999）等因素作用机理的分析。

尽管近年来，众多学者在理论上对产业集聚与经济增长之间的关系提供了较为清晰和简明的分析框架，但在实证研究方面的发展相对滞后。早期的文献主要是采取间接的方法，通过考察劳动生产率在地区水平上的变动趋势，研究集聚和增长之间的相互关系。随着新经济地理学等相关理论的发展，近年来在实证研究方面取得了较大程度的突破。实证研究的突破点首先集中在对产业集聚的测度上，产生了众多影响深远的测度方法。

总的来说，虽然国外对于产业集聚与区域经济增长之间关系的研究取得很大的成就，且这些研究考虑到集聚的内生性问题，但文献大多使用的是跨国数据，跨国数据可能会存在着较为严重的样本异质性和数据可比性的问题，而对中国而言，国土面积较大、自然条件多样、区域间差异明显等条件都为产业集聚与区域经济增长之间关系的研究提供了足够的多样性。而且其内部各地区的数据同质性和可比性较强，所以使用中国的省级面板数据来对跨国样本的实证研究进行相关的检验，越来越为实证研究者所推崇。

应该说，对中国产业集聚的研究，是进入 21 世纪以后才开始的。罗勇和曹丽莉（2005）基于电子及通信设备制造业数据的研究发现，EG 指数和工业总产值之间高度正相关；张妍云（2005）用就业密度作为集聚指标，通过最小二乘估计发现工业集聚能够带动全员劳动生产率的提高；范剑勇（2006）使用中国 2004 年地级城市的数据，实证分析了产业的集聚（用就业密度来衡量）与劳动生产率之间的关系，他采用各地的土地面积作为工具变量，研究结果发现中国非农产业的空间集聚效应的估计值（8.8%）显著高于欧美国家的 5% 左右的水平；薄文广（2007）利用 1994～2003 年中国 29 个省市区 25 个行业的面板数据进行实证研究，结果发现，专业化水平与产业增长之间存在着负向关系，多元化与产业增长之间存在着一种非线性关系，并且产业多元化水平对经济增长的作用在很大程度上取决于产业的性质及产业的地理区位。张卉等（2007）为了检验中国产业集聚对劳动生产率和经济增长之间的内在关系，通过构建国民经济产业分类标准 C 门类制造业中类产业（即两位数制造业）共同集聚指数、产业内集聚指数等作为解释变量，同时控制专业化指数和企业规模，计算和解释了不同产业集聚结构对劳动生产率和地区经济增长之间的影响。结果发现，产业内集聚和产业间集聚都对劳动生产率具有显著的影响。进一步对中国东中西部三大区域两者之间的关系检验表明，制造业产业内集聚和产业间集聚对经济增长的影响，在不同地区之间具有较大的差异。

总体而言，现有文献大多忽视了集聚的结构，即便考虑集聚结构的文献也只是从大类产业入手，没有区分中类产业的产业间共同集聚和产业内地理集聚对经济增长的不同贡献。而且，其实证分析中，主要是在一个静态的框架下进行分析，而静态分析导致在研究中倾向于分析具体区域的产业集聚的形成机理、优势以及可能带来的经济结果，而没有将其放在一个更广泛的动态层面来探究，因此其现实指导意义不强。地区间收入差距的持续扩大肯定是地区间增长率长期存在差异的结果和表现，因此不考察经济集聚与长期增长之间的动态关系，就很难找到消除地区差距的有效途径。

7.2 变量选取、数据来源及处理

本章与前面几章相同，实证分析数据为武汉城市圈各地区制造业中 18 个大类的制造业数据，全部原始数据均来自武汉城市圈各城市历年的统计年鉴和相关政府网站。

由于本章的目的是分析武汉城市圈制造业空间集聚与各城市经济增长之间的关系，因此合理变量的选择不仅关系到本书能否得出正确的结论，而且也直接关系到实证研究的可行性问题。从文献回顾可以看出，现有对中国制造业集聚进行研究的文献,基本都支持目前中国制造业集聚程度处于上升的阶段的结论,而有关产业集聚对经济增长贡献的研究,也都认为制造业集聚对经济增长具有正向的促进作用。因此,本部分将转换研究的视角,从城市圈制造业集聚的角度,对武汉城市圈制造业空间集聚与各地区经济增长速度之间的关系进行实证分析。

城市圈经济增长速度指标我们选择制造业劳动生产率指标,而对制造业空间集聚指标,则分别选取了制造业集聚 EG 指数、制造业行业专业化 SP 指数以及产业规模指标。

7.3 指标的测度

需要说明的是,在本部分所选取的 4 个变量中,制造业集聚 EG 指数和制造业行业专业化 SP 指数,在第 5 章中都进行了详细的说明和计算。因此,在本章中,将这些计算结果直接用于实证分析中。

1. 制造业劳动生产率 ($PROD_{it}$)

反映经济增长的指标很多,本书主要是对制造业集聚与地区经济增长之间的关系进行考察。因此,对于反映城市圈经济增长的被解释变量,鉴于现有文献的参考和数据的可获取性,选择制造业各大类劳动生产率指标,该指标采用制造业的工业总产值与该制造业总从业人口比值的双自然对数来度量。

具体来说,该指标采用经过价格指数调整后的城市圈制造业各大类的工业总产值,除以地区该大类制造业的总从业人数的比值,而为了保持该因变量和各自变量量级的一致性,对比值取双自然对数,即 $\ln$($\ln PROD_{it}$) 如表 7-1 所示。

表 7-1　2000~2013 年武汉城市圈制造业细分行业劳动生产率双对数值

行业	2000 年	2001 年	2002 年	2003 年	2004 年	2005 年	2006 年
C13-14	1.6938	1.6974	1.7091	1.6916	1.7067	1.6329	1.6936
C15	1.6945	1.7406	1.7375	1.7643	1.7585	1.6982	1.7189
C17	1.4776	1.5025	1.5094	1.474	1.4862	1.462	1.4776
C18	1.4553	1.4319	1.442	1.4522	1.4699	1.42	1.4846
C19	1.4961	1.4583	1.4959	1.5213	1.4793	1.5598	1.5858
C22	1.4754	1.4572	1.5029	1.4899	1.5135	1.5501	1.5572
C23	1.4386	1.4431	1.4768	1.4685	1.4814	1.4736	1.4766

行业	2000 年	2001 年	2002 年	2003 年	2004 年	2005 年	2006 年
C26	1.5641	1.5739	1.5446	1.6015	1.6268	1.5957	1.6358
C27	1.7755	1.7602	1.7559	1.7505	1.7442	1.7533	1.7731
C29-30	1.6533	1.6287	1.6761	1.6388	1.6446	1.5966	1.63
C31	1.5894	1.5857	1.6541	1.6361	1.6448	1.6007	1.672
C32	1.5863	1.6008	1.7564	1.6095	1.6097	1.5711	1.6042
C33	1.6912	1.6912	1.4276	1.7028	1.7212	1.7108	1.7332
C34	1.6325	1.6397	1.6955	1.6779	1.6876	1.5766	1.655
C35-36	1.5111	1.5136	1.5876	1.5684	1.5777	1.5351	1.5776
C37	1.7516	1.7782	1.8662	1.7771	1.7796	1.6763	1.7674
C39	1.7373	1.743	1.5949	1.7503	1.7712	1.6236	1.7789
C40	1.8362	1.8165	1.8083	1.84	1.851	1.6522	1.7775
平均值	1.6144	1.6146	1.6245	1.6342	1.6419	1.5938	1.6444

行业	2007 年	2008 年	2009 年	2010 年	2011 年	2012 年	2013 年	年均增长率/%
C13-14	1.6712	1.6329	1.597	1.5644	1.574	1.5546	1.5439	-0.7101
C15	1.6967	1.6992	1.6716	1.6378	1.6319	1.6222	1.6048	-0.4278
C17	1.4709	1.462	1.4548	1.4391	1.4477	1.4267	1.4234	-0.2867
C18	1.4628	1.42	1.4111	1.3884	1.3802	1.3911	1.3821	-0.3962
C19	1.5625	1.5685	1.5925	1.5456	1.5701	1.2493	1.204	-1.6567
C22	1.5558	1.5501	1.4993	1.496	1.4804	1.4806	1.4591	-0.0855
C23	1.4726	1.4736	1.4461	1.4328	1.4727	1.4818	1.4731	0.1827
C26	1.6259	1.5957	1.544	1.5466	1.5947	1.5774	1.56	-0.0199
C27	1.7579	1.7533	1.7469	1.7277	1.7376	1.6891	1.6669	-0.4841
C29-30	1.6135	1.5966	1.5464	1.5145	1.5572	1.5267	1.4961	-0.7655
C31	1.6458	1.6007	1.5924	1.581	1.6119	1.5797	1.5485	-0.2004
C32	1.6023	1.5711	1.5937	1.5679	1.5718	1.5595	1.5536	-0.1602
C33	1.7135	1.7108	1.6242	1.5968	1.6672	1.67	1.6669	-0.1112
C34	1.6485	1.5766	1.5706	1.541	1.5629	1.5275	1.5192	-0.5517
C35-36	1.5619	1.5351	1.5035	1.3975	1.5221	1.5422	1.5044	-0.034
C37	1.749	1.6763	1.6886	1.6695	1.6775	1.7891	1.813	0.2654
C39	1.7269	1.6236	1.6308	1.6161	1.5972	1.5738	1.5354	-0.9459
C40	1.7703	1.6522	1.621	1.6016	1.5634	1.5484	1.5548	-1.2713
平均值	1.6282	1.5944	1.5741	1.548	1.5678	1.5439	1.5283	-0.4208

资料来源：根据武汉城市圈各城市历年统计年鉴计算而得

2. 制造业集聚指数（EG_{it}）

EG 指数是度量产业集聚的一个具有代表性的指标，该指标综合了赫芬达尔指数（HI 指数）和空间基尼系数的优点，并考虑到企业规模的差异等。而制造业产值由于受价格波动的影响较大，很难准确反映制造业的空间集聚程度，因此大多文献习惯采用从业人数而不是产值或者产量来表示空间集聚度。在本部分，也沿袭这种做法，采用各制造业从业人数，并对传统的 EG 指数根据实际需要进行适当变形后得到（第 5 章有该指标的详细推导及计算过程）。

如前所述，制造业在空间的集聚能够带来经济的外部性，因此，从这个意义上来说，EG 指数的扩大（即暗含制造业在空间集聚程度的增强），将会带来制造业劳动生产率的提高；但大量的文献表明，产业的空间集聚在很多情况下也会带来外部的不经济，即 EG 指数的扩大，将使得制造业劳动生产率下降。因此，我们无法预测武汉城市圈制造业 EG 指数的变化与细分行业劳动生产率之间的关系。

武汉城市圈制造业各细分行业 EG 指数的具体结果见表 7-2。

表 7-2　2000～2013 年武汉城市圈制造业行业 EG 指数

行业	2000 年	2001 年	2002 年	2003 年	2004 年	2005 年	2006 年
C13-14	0.0797	0.0854	0.1245	0.106	0.1025	0.0969	0.0924
C15	0.0113	0.0178	0.0147	0.0295	0.0304	0.047	0.0191
C17	0.0453	0.0699	0.0880	0.0862	0.0876	0.0881	0.0891
C18	0.0732	0.069	0.0905	0.0412	0.0329	0.0710	0.0762
C19	0.0725	0.0731	0.0782	0.0805	0.0849	0.0792	0.0803
C22	0.0483	0.0358	0.0816	0.0604	0.0463	0.0291	0.0206
C23	0.0275	0.0136	0.0043	0.0402	0.0531	0.0501	0.0470
C26	0.0348	0.0503	0.0231	0.0302	0.0377	0.0399	0.0439
C27	0.0606	0.0634	0.0572	0.0237	0.0207	0.0153	0.0138
C29-30	0.0295	0.0125	0.0157	0.0186	0.0181	0.0149	0.0127
C31	0.0843	0.0785	0.0794	0.0632	0.0565	0.0736	0.0756
C32	0.0904	0.1060	0.1671	0.1177	0.1077	0.1168	0.1223
C33	0.2208	0.2217	0.1902	0.2161	0.2276	0.2293	0.2201
C34	0.0329	0.0437	0.0472	0.0161	0.0380	0.0289	0.0417
C35-36	0.0178	0.0271	0.0238	0.0200	0.0162	0.0284	0.0383
C37	0.0948	0.1220	0.0286	0.1239	0.1276	0.1297	0.1373

行业	2000 年	2001 年	2002 年	2003 年	2004 年	2005 年	2006 年
C39	0.0762	0.0802	0.1486	0.1364	0.1233	0.1365	0.1327
C40	0.2083	0.2121	0.2132	0.2064	0.1936	0.2076	0.2179
算术平均值	0.0727	0.0768	0.0820	0.0787	0.0780	0.0824	0.0823
加权平均值	0.0677	0.0764	0.0936	0.0779	0.0758	0.0849	0.0872

行业	2007 年	2008 年	2009 年	2010 年	2011 年	2012 年	2013 年	年均变化率/%
C13-14	0.0869	0.0843	0.0580	0.0936	0.0822	0.0591	0.0458	-4.172
C15	0.0202	0.0514	0.0320	0.0365	0.0243	0.0292	0.0307	7.991
C17	0.1041	0.2342	0.2026	0.2484	0.2606	0.2359	0.2262	13.168
C18	0.0884	0.1274	0.0882	0.1282	0.1380	0.0699	0.0647	-0.945
C19	0.0814	0.0805	0.0898	0.1784	0.2126	0.1908	0.2112	8.572
C22	0.0188	0.0330	0.0588	0.0680	0.1057	0.1026	0.1441	8.772
C23	0.0692	0.0304	0.0282	0.0197	0.0314	0.0803	0.0677	7.176
C26	0.0416	0.0584	0.0878	0.1060	0.0743	0.0616	0.0647	4.886
C27	0.0137	0.0181	0.0107	0.0065	0.0200	0.0220	0.0257	-6.386
C29-30	0.0247	0.0261	0.0925	0.01832	0.0182	0.0217	0.0188	-3.406
C31	0.0881	0.0797	0.0923	0.1086	0.1069	0.0843	0.0857	0.127
C32	0.1328	0.1314	0.2068	0.1922	0.1391	0.1472	0.1581	4.394
C33	0.2227	0.2838	0.4700	0.4380	0.6370	0.6361	0.6312	8.415
C34	0.0475	0.0255	0.0827	0.0317	0.0212	0.0165	0.0142	-6.259
C35-36	0.0309	0.0271	0.0418	0.0497	0.0241	0.0357	0.0503	8.319
C37	0.1443	0.1665	0.1711	0.1408	0.1684	0.1407	0.1176	1.672
C39	0.1445	0.0846	0.0479	0.0790	0.0403	0.0604	0.0817	0.538
C40	0.2208	0.2954	0.3451	0.2911	0.3236	0.3693	0.3610	4.321
算术平均值	0.0878	0.1021	0.1226	0.1242	0.1349	0.1313	0.1333	9.921
加权平均值	0.0937	0.1211	0.1369	0.1356	0.1417	0.1329	0.1283	5.047

注：算术平均值以 18 个行业大类的简单平均值计算，加权平均值的计算，各行业 EG 系数的权重为该行业的就业人数占整个城市圈 18 个制造业行业总就业人数的比值；行业大类 2000～2013 年的年均变化率以几何平均值进行计算

资料来源：根据武汉城市圈历年统计年鉴的相关数据，采用 Excel 和 Matlab 等软件计算

3. 产业规模（SCALE$_{it}$）

产生规模经济的原因很多，其中最为重要的是投入的不可分性，其次是来

自规模扩大而形成的生产、销售、管理等方面效率的提高。首先，随着生产规模的扩大，劳动分工的专业化、生产线的一贯作业将随之加强，个人技术积累也随之提高，为适应产品需求及原料供应的随机变动所需要的产品和原料的存货也将降低，因而企业的生产力得到提高；其次，企业规模的扩大，广告宣传、产品运输和储藏等销售活动也形成了规模经济，单位产品所分摊的销售费用也随之降低；最后，随着企业规模的扩大，管理的专业化和管理功能的规范化也会随着增强，管理技能和管理水平也随着提高。而这些都会导致规模经济的产生。

但是，也有大量的文献实证研究表明，企业规模的扩大，也可能带来规模的不经济，即随着企业规模的扩大，企业内部的管理成本也相应地增加，企业内部各行为主体目标函数的不一致将导致企业生产效率的下降。因此我们预期，武汉城市圈企业规模的扩大，对制造业细分行业劳动生产率的影响不确定。

在对武汉城市圈制造业各细分行业劳动生产率差异进行实证分析时，选择城市圈各细分行业的平均从业人员数作为变量，来衡量制造业行业的规模，对产业规模效应进行考察。为保持各变量数量级的一致性，对企业平均从业人员数取对数，即 ln（$SCALE_{it}$），如表 7-3 所示。

表 7-3　2000~2013 年武汉城市圈制造业细分行业平均企业规模对数值

行业	2000 年	2001 年	2002 年	2003 年	2004 年	2005 年	2006 年
C13-14	5.0020	4.9825	5.0001	5.0553	5.0318	5.4186	4.9586
C15	5.4693	5.2128	5.2509	5.3039	5.4461	5.9069	5.6573
C17	6.3118	6.2051	6.1853	6.0532	5.9907	6.0131	5.7455
C18	6.1397	6.0847	6.0965	6.1466	6.0404	6.3786	5.9351
C19	5.1742	5.4218	5.4803	5.2635	5.3025	5.3823	5.2147
C22	5.3177	5.2128	5.0997	5.1790	5.1399	5.0259	4.9845
C23	5.3046	5.1853	5.1301	5.2309	5.2314	5.2893	5.1845
C26	5.6583	5.5045	5.7622	5.4015	5.3339	5.4194	5.1623
C27	5.7689	5.8174	5.8029	5.6761	5.5594	5.6215	5.4142
C29-30	5.0700	5.0956	5.1342	5.1264	5.1150	5.4093	5.1237
C31	5.4535	5.4336	5.3792	5.3260	5.2807	5.5685	5.1774
C32	7.5899	7.6225	5.9978	7.5948	7.4195	7.5196	7.2984
C33	6.4505	6.4313	7.6334	6.0896	5.9596	5.8878	5.8782
C34	5.4944	5.4686	5.4741	5.3693	5.3882	5.8241	5.2137

行业	2000 年	2001 年	2002 年	2003 年	2004 年	2005 年	2006 年
C35-36	5.7623	5.6887	5.4376	5.5053	5.4329	5.6278	5.3297
C37	6.0457	5.9955	5.5017	6.0188	5.9871	6.5255	5.8912
C39	5.5399	5.4120	6.1857	5.3830	5.2683	5.9624	5.1165
C40	5.7972	5.6965	5.5911	5.5395	5.9236	6.6285	5.9425
平均值	5.7417	5.6928	5.6746	5.6257	5.6028	5.8561	5.5127

行业	2007 年	2008 年	2009 年	2010 年	2011 年	2012 年	2013 年	年均增长率/%
C13-14	4.9584	4.9067	4.8724	4.9213	5.2184	5.2491	5.1678	0.2512
C15	5.5423	5.3650	5.3336	5.3437	5.8737	5.7899	5.7594	0.3984
C17	5.6572	5.6121	5.6080	5.5622	5.7986	5.8436	5.8008	-0.6470
C18	5.7355	5.6296	5.5376	5.5358	5.9424	5.8878	5.7965	-0.4421
C19	5.1041	5.0752	4.8045	4.8962	5.0676	5.8175	5.5857	0.5903
C22	5.0072	4.9402	5.0742	5.0113	5.4549	5.3505	5.3356	0.0259
C23	5.1802	4.9986	4.9440	4.8588	5.2813	5.2657	5.1460	-0.2331
C26	5.0429	4.9200	5.0779	4.9606	5.1250	5.1336	5.0757	-0.8325
C27	5.4632	5.3258	5.3767	5.3986	5.6142	5.7482	5.7303	-0.0516
C29-30	5.0067	4.7327	4.8370	4.8228	5.0590	5.1977	5.1430	0.1010
C31	5.0126	4.9815	4.8510	4.7636	5.0824	5.0146	4.9951	-0.6730
C32	7.1992	7.2258	7.1436	7.0743	6.9190	6.6064	6.5168	-1.1657
C33	5.9488	5.5760	5.9577	5.9489	5.8572	5.7706	5.7528	-0.8767
C34	5.1063	5.0437	4.9584	4.8932	5.2061	5.2129	5.1453	-0.5037
C35-36	5.1974	4.8955	4.9059	5.1849	5.2281	5.2112	5.1888	-0.8032
C37	5.7920	5.8701	5.6488	5.5809	5.8773	5.1249	4.8572	-1.6697
C39	5.2468	5.4294	5.3092	5.2112	5.5861	5.5272	5.5725	0.0450
C40	5.7574	5.9146	6.0293	6.1168	6.6696	6.5907	6.4037	0.7682
平均值	5.4421	5.3579	5.3483	5.3381	5.6034	5.5746	5.4985	-0.3323

资料来源：根据武汉城市圈各城市历年统计年鉴计算而得

4. 行业专业化指标（SP_{it}）

由于包含在制造业大类中的产业可能在某些城市的空间地理分布相对集中，而在另一些城市空间分布则较为分散，这样位于地理空间分布较集中城市的企业就能够从共同区位中获得较大的集聚效应，而位于分散城市的企业则无法获得集聚效应。为了排除这些影响,在模型中需要设定城市圈控制变量。

由新经济地理学的相关理论可知,由于规模经济外部性,专业化程度越高,劳动生产率就相应地越高,因此选取武汉城市圈制造业各大类行业专业化指标作为控制变量。并且,预期武汉城市圈行业专业化程度的提高,对城市圈制造业劳动生产率的提升有正向的关系。

从第5章的相关内容可知,对行业专业化进行度量的指标很多,而SP指数兼顾了空间距离因素,因此对行业专业化的度量最为准确。有鉴于此,在本部分采用第5章中计算的包含空间距离因素的SP指数来表征武汉城市圈制造业各大类行业专业化程度。计算结果见表7-4。

表 7-4　2000 ~ 2013 年武汉城市圈制造业各大类行业专业化指数

行业	2000 年	2001 年	2002 年	2003 年	2004 年	2005 年	2006 年
C13-14	0.6722	0.7229	0.6816	0.6864	0.6792	0.7027	0.7292
C15	0.5602	0.6760	0.6013	0.6485	0.5828	0.5746	0.5555
C17	0.6981	0.7476	0.7222	0.7466	0.7329	0.7461	0.7622
C18	0.7571	0.7838	0.6971	0.7923	0.757	0.8201	0.8379
C19	0.7991	0.6902	0.6027	0.6408	0.6110	0.6193	0.5741
C22	0.6470	0.6706	0.6406	0.6822	0.6315	0.5487	0.5449
C23	0.5518	0.5170	0.5028	0.4484	0.4102	0.388	0.3929
C26	0.6907	0.7312	0.4602	0.6496	0.6421	0.6417	0.6463
C27	0.4222	0.4310	0.4111	0.5354	0.5924	0.5903	0.5757
C29-30	0.2433	0.2403	0.2740	0.2564	0.2242	0.2170	0.2175
C31	0.6858	0.7282	0.7090	0.7073	0.6806	0.6624	0.6903
C32	0.3360	0.3333	0.3877	0.3037	0.3074	0.2682	0.2723
C33	0.4363	0.4117	0.2936	0.4885	0.637	0.5658	0.4963
C34	0.5782	0.6030	0.7218	0.5918	0.6485	0.5082	0.5265
C35-36	0.5235	0.5072	0.5190	0.5184	0.5523	0.5028	0.4880
C37	0.3273	0.2991	0.4695	0.2888	0.2946	0.2700	0.2724
C39	0.3961	0.4156	0.1726	0.3100	0.3235	0.2802	0.2997
C40	0.1686	0.1425	0.1714	0.1947	0.1917	0.1420	0.1393
均值	0.5274	0.5362	0.5021	0.5135	0.5277	0.5027	0.5012

行业	2007 年	2008 年	2009 年	2010 年	2011 年	2012 年	2013 年	年均增长率/%
C13-14	0.7202	0.6906	0.6834	0.7091	0.7350	0.6772	0.6806	0.0956
C15	0.5628	0.5941	0.6029	0.5669	0.5236	0.5695	0.5806	0.2755

行业	2007 年	2008 年	2009 年	2010 年	2011 年	2012 年	2013 年	年均增长率/%
C17	0.7601	0.7573	0.7561	0.7524	0.7496	0.7262	0.7341	0.3875
C18	0.8548	0.8547	0.8497	0.8480	0.8950	0.8276	0.8232	0.6460
C19	0.6334	0.6142	0.6797	0.6753	0.7039	0.5189	0.5590	-2.7113
C22	0.5737	0.5856	0.5867	0.6007	0.6831	0.6295	0.6314	-0.1876
C23	0.3712	0.4262	0.4756	0.4674	0.4567	0.386	0.4121	-2.2205
C26	0.6796	0.6908	0.6984	0.7383	0.7716	0.7139	0.7207	0.3276
C27	0.6012	0.6467	0.6227	0.6339	0.6859	0.6610	0.6605	3.5024
C29-30	0.2013	0.3712	0.5716	0.7830	0.5114	0.7404	0.7628	9.1879
C31	0.6918	0.6592	0.6833	0.689	0.6699	0.6253	0.6262	-0.6969
C32	0.2785	0.2529	0.2284	0.2191	0.2927	0.3039	0.3082	-0.6621
C33	0.5922	0.4538	0.5312	0.5544	0.6682	0.5224	0.5205	1.3667
C34	0.5404	0.5461	0.4648	0.4694	0.5555	0.5210	0.5269	-0.7121
C35-36	0.5519	0.4900	0.5214	0.4629	0.5557	0.5558	0.5238	0.0044
C37	0.2879	0.2347	0.2653	0.2811	0.2735	0.5414	0.6423	5.3228
C39	0.2960	0.3395	0.4258	0.3367	0.4443	0.4438	0.4128	0.3182
C40	0.1267	0.0849	0.0963	0.1128	0.1134	0.1213	0.1411	-1.3604
均值	0.5180	0.5163	0.5213	0.5500	0.5716	0.5603	0.5704	0.7158

资料来源：根据武汉城市圈各城市历年统计年鉴计算而得

7.4 实证检验

7.4.1 计量模型的构建

将武汉城市圈制造业集聚与经济增长之间关系的计量模型设定为：
$$\mathrm{PROD}_{it} = \alpha + \beta_1 \cdot \mathrm{EG}_{it} + \beta_2 \cdot \mathrm{SCALE}_{it} + \beta_3 \cdot \mathrm{SP}_{it} + \varepsilon_{it} \tag{7-1}$$
其中，PROD_{it} 表示因变量城市圈制造业各大类的劳动生产率，采取了对制造业各大类劳动生产率取双对数的形式，EG_{it} 表示反映城市圈制造业集聚程度的集聚指数，SCALE_{it} 为反映城市圈制造业产业规模的变量，取各制造业企业单位从业人员数的对数形式，SP_{it} 为城市圈制造业各大类行业专业化指数，ε_{it} 为模型的随机变量。下标 i 代表各大类产业，t 代表年份。

7.4.2　计量结果

本部分实证分析的目的是考察武汉城市圈制造业集聚与经济增长之间的关系，为此选择武汉城市圈制造业中的 18 个两位数细分行业 2000～2013 年的 14 个时间序列的面板数据作为样本进行分析。具体步骤如下：

首先，使用协方差检验对模型 7-1 的设定进行判定，经检验选择采用变截距模型。

其次，对模型面板数据进行 Hausman 检验，P 值为 0.0017，小于显著性水平 0.05，因此可以判定检验拒绝原假设，接受被选择假设，因此在固定效应模型和随机效应模型中选择个体固定效应模型。

再次，在经过上述两项检验后，模型采用固定效应变截距模型进行实证分析，结果见表 7-5。

表 7-5　个体固定效应模型估计结果

变量	估算值	变量	估算值
C	2.2093 ***	SP	−0.0670
	(−0.0860)		(−0.0465)
EG	0.3475 ***	R-squared	0.7845
	(−0.0658)	D.W	1.6481
SCALE	−0.0975 ***	F-statistic	42.0351
	(−0.0132)	Observations	252

注：括号中的数据为标准误差值；*** 表示通过 99% 检验

从固定效应模型的估算来看，模型结果较为理想，模型的整体拟合程度较高，变量中除 SP 未能通过 t 检验外，其他都通过了 99% 显著性检验。制造业行业集聚指数 EG 的系数为正，表明武汉城市圈制造业细分行业的空间集聚程度增加时，制造业各行业的劳动生产率将会相应地提高，即武汉城市圈制造业空间集聚效应对行业劳动生产率具有正向的促进作用，制造业空间集聚具有明显的外部经济性，制造业集聚程度与制造业行业劳动生产率之间具有显著的正相关性；与之相反，以行业从业人员数为考察对象的行业规模的回归系数则为负值，表明武汉城市圈随着行业规模的扩大，制造业劳动生产率将会出现下降。这一点和前面章节的分析结果基本一致，也是武汉城市圈历史上国有大型企业过多，众多企业和制造业行业规模不经济现象严重的真实反映。

最后，为了进一步剔除模型中的自相关问题，在采用固定效应变截距模型进行检验的基础上，使用广义最小二乘法（GLS）对上述模型变量重新进行回归，结果见表7-6。

表7-6 截面加权 GLS 模型估计结果

变量	估算值	变量	估算值
C	2.1133 ***	SP	-0.1426 ***
	(0.0660)		(0.0308)
EG	0.3443 ***	R-squared	0.8868
	(-0.0545)	D.W	1.8777
SCALE	-0.0731 ***	F-statistic	90.4851
	(0.0106)	Observations	252

注：括号中的数据为标准误差值；＊＊＊表示通过99%检验

采用截面加权 GLS 模型后，对固定效应模型估算中可能存在的自相关问题进行了控制。可以明显地看出，模型的回归结果更理想，模型具有更好的解释力。与固定效应模型的估算结果相同，EG 指数的回归系数为正，而 SCALE 指标的系数仍然为负值，且两个变量的检验值都通过了 1% 水平检验；而在 GLS 模型中，表征制造业多样化指数的 SP 系数的检验值通过了 1% 水平检验，并且模型系数为负值，表明当 SP 值增加，即某一城市制造业在空间布局趋于多样化时，对制造业单位劳动生产率有负向作用，也就是说行业劳动生产率将会出现下降。SP 指数与制造业行业劳动生产率之间具有负向的关系，这也从一个侧面证明上述的制造业空间集聚增加（即专业化水平提高）对劳动生产率的促进作用。

因此，总的来说，采用不同方法的两个模型回归结果，支持武汉城市圈制造业空间集聚程度的提高对行业劳动生产率具有显著的正向促进作用的结论；同时，制造业行业规模的扩大，则会造成制造业劳动生产率出现下降的结果。也就是说，由于武汉城市圈历史上制造业国有企业存在冗员过多、规模不经济的现象，因此精简企业人数，减小企业规模，是提高行业劳动生产率的重要举措；在采用截面加权 GLS 模型进行估算后，SP 系数的检验值通过了 1% 水平检验，并且模型系数为负值，表明当武汉城市圈制造业行业在空间布局趋于多样化时，对制造业单位劳动生产率有负向作用，也就是说行业劳动生产率将会出现下降。

7.5 本章小结

无论是从经验还是理论方面分析，都可以发现对大多数产业特别是制造业而言，在具有产业竞争力的地区总是存在一定形态的产业集聚现象，因此目前中国已经进入了产业集聚、劳动生产率和经济增长三者之间具有密切关联的经济发展阶段，即是制造业的空间集聚和专业化分布对地区经济增长具有正向的促进作用。在本章中，以武汉城市圈为研究对象，不仅从城市圈制造业的空间集聚程度和城市制造业行业劳动生产率之间的关系进行研究，还选取制造业专业化水平、企业规模等指标，对其与制造业行业劳动生产率变化之间的关系进行实证研究，从而对城市圈各城市制造业空间分布与经济增长之间的关系做了全面的分析。

实证分析的结论是：制造业集聚效应对制造业劳动生产率具有较为显著的正向促进作用；同时，制造业行业规模的扩大，则会造成制造业劳动生产率出现下降的结果；当某一城市制造业在空间布局趋于多样化时，对制造业单位劳动生产率有负向作用，也就是说行业劳动生产率将会出现下降。

第8章
结论与展望

8.1 主 要 结 论

本书在系统回顾新经济地理学产业集聚理论和新古典经济增长理论中收敛性等相关理论的基础上，通过大量的实证分析，结合武汉城市圈各地区经济发展的差距和制造业空间分布的实际，构建新的分析框架，全面描述武汉城市圈各地区经济发展的差异，并从制造业空间分布差异的视角，对地区间经济发展差异的原因进行了详细的分析。整个报告的主要结论如下：

（1）在构建测度地区间地缘经济关系模型的基础上，对武汉城市圈9个城市间地缘经济关系进行测度，结果发现武汉城市圈地缘经济关系比较密切，整体态势上各城市相互之间的互补性大于竞争性。

（2）利用反映地区经济增长差距指标，对城市圈城市间经济增长差距进行分析，实证检验了该地区新古典经济增长理论中的收敛性假说。结果发现：

首先，人均GDP、城镇居民人均可支配收入和农民人均年纯收入三项指标的绝对差距，在考察期间都是扩大的。而且城镇居民人均可支配收入和农民人均年纯收入两项指标在考察期间都是扩大的，反映了武汉城市圈各城市间无论是城镇居民还是农民，其收入的相对差距是在不断扩大的。从两项指标的数值来看，城镇居民可支配收入相对差距的增加幅度要远大于农民年纯收入。

其次，在考察期间，城镇居民人均可支配收入通过了库兹涅茨倒U形检验，而农民人均年纯收入指标曲线则不存在倒U形。

最后，人均GDP、城镇居民人均可支配收入和农民人均年纯收入三个指标，都未能通过绝对β-收敛检验，这表明在武汉城市圈各城市间，上述三个指标间不存在绝对β-收敛；在加入相应的经济结构变量和产权结构控制变量后，人均GDP指标间存在条件收敛，且第一产业占GDP比例和国有企业职工占全体职工比例两指标的回归系数为负，而第二产业占GDP比例指标的回归系数为正，对城市圈人均 GDP 增长有正向作用。

这些结论，与现有大多文献的研究结果相符，也反映了当前武汉城市经济增长的实际情况；而与人均 GDP 指标相反，城镇居民人均可支配收入和农民人均年纯收入的实证检验，都表明当前武汉城市圈都不存在条件 β-收敛。

进一步加入经济结构和产权结构控制变量后，研究城镇居民人均可支配收入指标发现：第二产业占 GDP 比例的增加会导致城镇居民人均可支配收入增长速度的减缓。而与之相反，第三产业占 GDP 比例的增加则会增加城镇居民可支配收入的增长速度。这种结果的可能解释在于，武汉城市圈大多城市属于传统的重工业城市，近年来其工业企业的利润不高，工业产值占 GDP 比例的增加未能相应地带来城镇居民收入的增长。而相应的，第三产业产值比例的增加，则会给广大城镇居民人均可支配收入带来增长。而加入的反映产权结构的控制变量 S_3（国有单位职工占总人口比例），其系数值为负，说明国有单位职工占总人口比例的增加，会使得该城市圈城镇居民人均可支配收入的年均增长率下降；而农民人均年纯收入指标的条件收敛结果则发现，随着第一产业产值占 GDP 比例的增加，农民人均年纯收入的增长速度反而放缓。这一结果与预期不一致，但也从一个侧面反映了当前武汉城市圈农业发展的现状，即广大农民的收入未能随着农业的发展而增加，农民没有从农业发展中获得相应的回报。

加入第二产业占 GDP 比例这一经济结构变量后，其实证系数为正，表明与第一产业占 GDP 比例变化对农民纯收入增长的影响相反，随着第二产业在国民经济比例的不断增加，其对农民年纯收入的增长也有很大的帮助，即随着第二产业的不断发展，农民收入也相应地提高。一方面，随着工业的不断发展，众多农地（尤其城市周边地区）被置换为工业用地，广大农民通过土地置换获得了一定的收入补偿；更为重要的是，随着工业企业（包括近年来武汉城市圈众多的涉农加工制造企业）的快速增加，越来越多的农民开始选择进厂从事工业生产，这就极大地增加了农民的收入。

（3）对武汉城市圈制造业空间集聚程度进行了测度，并对城市圈制造业行业专业化和地区专业化进行了测算，结果表明：

首先，从整体上看，武汉城市圈制造业在空间的集聚程度较高，而且这种集聚的趋势随着一体化进程的推进、交通运输条件的改善以及地方保护主义程度的减少等原因，将会进一步加强。进一步分析发现，制造业行业中资源性和低技术的细分行业，在空间的集聚程度较低，而大多数中高技术含量的细分行业其空间集聚程度都较高。

其次，采用 SP 指数结合集中度等方法，对行业专业化进行考察发现，从整体来看制造业行业的空间集聚程度是趋于分散的。而从各细分行业的具体 SP 值看，武汉城市圈中高技术行业的空间集聚程度高，集聚现象明显。相反，指数值较大、行业空间分布较为分散的行业，则基本都属于资源型或低技术行业，这也进一步验证了武汉城市圈资源型和低技术行业在空间分布较为分散，集聚程度较低。从集中度的视角考察发现，总体上 CR_3 年均增长率的算术平均值为负，表明尽管总体上武汉城市圈制造业空间集聚程度有所加强，但占比最大的前三位城市的份额却是减少的。造成这种结果的一个可能性的解释是，尽管城市圈整体上制造业要素的空间流动性加强，要素更多地向优势区域集中，但在具体区位布局上，这种优势区位的集中性有限。集中度较高的行业，大都是属于中高技术行业。而集中度较小的行业，大多是属于资源性或者低技术的行业。这和 EG 系数值分析得出的结论完全一致，制造业行业空间集中度同样也表现出中高技术行业在空间较为集中，而低技术和资源性行业则相对分散的特征。

再次，从地区专业化和地区间专业化考察发现，整体上城市圈各城市间的专业化程度是提高的，城市间的专业化程度差异在加强。但在加入了空间因素后，中心值则得出了各城市间专业化程度较少的结论。尽管三个指标得出不同的结论，但均发现城市圈 9 个城市制造业出现相互分化的两个集团，即形成了以武汉、鄂州、黄石、黄冈等 4 个制造业产业集聚较为密集的"中心"地区，而另外 5 个地区为制造业产业集聚度较低的"外围"地区的典型的制造业集聚"中心—外围"空间布局。而且从"中心—外围"空间结构的行业特性来看，中高技术业较多地集聚于武汉等 4 个地区，其他 5 个地区则更多地集聚资源性和低技术行业，也就是说，制造业的行业空间布局也形成了一个典型的"中心—外围"结构。

最后，对制造业 18 个行业的增长集聚弹性分析发现，当前武汉城市圈绝大多数制造业细分行业的集聚经济还没有发挥最大的作用。加大交通运输等基础设施的建设，降低各城市间行政壁垒对要素空间流动的限制等，将能更有效地优化制造业要素的空间配置，发挥集聚经济和规模经济效应，增加行业的收入。

武汉城市圈制造业空间集聚的形成和变化原因是多方面的：进入 21 世纪以来，随着城市圈交通运输成本的下降、地方保护主义程度的降低和经济开放度的不断增加，制造业的集聚趋势不断加强；制造业不同行业间技术含量高低程度的差异，使得中高技术行业的集聚程度更高，资源性和低技术行业在空间则相对分散；而制造业历史条件的差异、基础设施禀赋高低以及市场潜能大小等的差异，则形成了以武汉等城市为中心、其他城市为外围的集聚程度和技术含量高低的两个"中心—外围"空间结构。

产业集聚是生产要素在空间自由流动和配置的结果，为充分发挥制造业的集聚效应，本书为武汉城市圈制造业发展战略的制定提供了有益的参考：继续加大对地区间交通运输等基础设施建设的投资力度，实现要素在各地区间的自由流动；努力降低地方保护主义，加快市场一体化的进程，提高全社会劳动生产率；鼓励各地区进行专业化生产，促进企业间的分工与合作，扩大生产规模，充分发挥市场潜能的作用；在制造业空间布局和调整的过程中，考虑不同行业间增长集聚弹性的大小，充分发挥制造业的增长集聚效应。

（4）选择了交通运输条件、劳动力成本、市场潜能、企业规模、地方保护主义、经济开放度以及城市化水平等7个影响城市圈制造业集聚的变量，对制造业集聚度的影响因素进行了检验，结果发现：

市场潜能、地方保护主义和经济开放度等3个影响因素未能通过显著性检验，而在通过检验的4个因素中，交通运输条件、企业规模回归的结果与预期结论相一致，劳动力成本的提高对制造业空间集聚有负向的影响，而城市化水平的回归结果则与预期相反。导致这些结果出现的原因是多方面的，既有可能是变量处理过程中数据上出现的误差，也有可能是武汉城市圈各地区目前发展过程中出现的一些不同于其他地区的问题。

以上研究结论为武汉城市圈制造业发展战略的制定提供了有益的参考，即武汉城市圈应该继续加大对交通运输等基础设施的投资力度，实现生产要素在空间的自由流动，促使资源配置的最优；努力为企业扩大规模创造条件，发挥规模经济效应，促进地区制造业的发展，进而提高制造业的劳动生产率；加快城市化建设的步伐，加强城市软硬件设施建设，发挥城市在经济发展中的规模效应。

（5）以武汉城市圈为研究对象，不仅从城市圈制造业的空间集聚程度和地区经济增长之间的关系进行研究，还选取了制造业专业化水平、企业规模等指标，对其与地区经济增长之间的关系进行了实证研究，结果发现：制造业集聚效应对制造业劳动生产率具有较为显著的正向促进作用；同时，制造业行业规模的扩大，则会造成制造业劳动生产率出现下降的结果；当某一城市制造业在空间布局趋于多样化时，对制造业单位劳动生产率有负向作用，也就是说行业劳动生产率将会出现下降。

8.2　展　　望

在对武汉城市圈制造业集聚与空间经济差距进行研究的过程中，笔者深深感觉到这一问题的复杂性：

首先，影响城市圈空间经济差距的原因众多，现有文献主要是基于新古典经济收敛性角度进行研究，而以新经济地理学的相关理论为基础，从制造业集聚的视角进行研究的文献还不多，研究方法也尚未达到完善的程度，因此在完成过程中有很多理论上的问题还有待进一步深化。

其次，对制造业空间集聚度进行测算，在西方文献中，有很多较为成熟和经典的测度指标和方法，但遗憾的是，国内现有统计口径和西方统计方法之间存在着较为明显的不一致，使得现有的测度方法不能够直接对中国的制造业集聚状况进行测算，而是需要对测度方法进行适度的变形，这无疑给本书带来极大的困难，且其测度结果的可信度相应地打了折扣。

再次，和长江三角洲和珠江三角洲等沿海发达地区城市圈相比，武汉城市圈经济发展相对落后，同时，其经济发展数据收集、整理和公开也严重滞后。在本书写作过程中，对于制造业中各大类从业人员数、企业数和工业总产值等数据的收集和处理，占用笔者大量的时间和精力，极大地增加了工作的难度。同时，由于部分城市部分年份和行业数据有所缺失，实际应用中有的数据采用当地官方未能公布的数据，有的则通过对相关统计部门和企业访谈的形式予以弥补，这无疑会对计算结果的准确性和权威性产生影响。

最后，正是数据获取的局限，使得在对武汉城市圈制造业空间集聚的影响因素变量的选择，以及制造业集聚与地区经济差距之间关系检验中对相关变量的选择等都有较大的限制，这无疑会使得研究结论的完整性受到较大的影响。

在研究之初，笔者曾试图采用更多的制造业大类，并对各大类细分，力图从制造业三位数的层面上对武汉城市圈各城市制造业集聚进行详细的考察，但遗憾的是，由于数据的局限性，这一预期目标未能实现。而且正是因为数据上的限制，对制造业集聚的空间差异与各地区经济增长差距之间的内在关系，也未能进行更为透彻的分析，这是一大遗憾，同时也是未来的研究方向之一，即在未来的研究中，更加关注武汉城市圈各城市制造业和经济等各项指标，以期为后期的更为详细的研究打下基础。

同时，本著作更多的是对武汉城市圈制造业集聚与经济增长空间差距之间的关系做了较为详细的实证分析，而对于实证检验结果背后的原因和政策建议，鉴于笔者研究深度的限制，以及实地调研的缺失，未能详细地分析。读万卷书，走万里路，如何将理论和实际紧密结合，使得理论更好地为实际服务，也是未来笔者的努力方向之一。

参考文献

安虎森. 2005. 空间经济学原理. 北京：经济科学出版社.

巴罗，萨拉伊马丁. 2000. 经济增长. 何晖，刘明兴，译. 北京：中国社会科学出版社.

白重恩，杜颖娟，陶志刚，等. 2004. 地方保护主义及产业地区集中度的决定因素和变动趋势. 经济研究，(4).

薄文广. 2007. 外部性与产业增长——来自中国省级面板数据的研究. 中国工业经济，(1).

蔡昉，都阳. 2000. 中国地区经济增长的趋同与差异——对西部开发战略的启示. 经济研究，(10).

蔡昉，王德文. 2002. 比较优势差异，变化及其对地区差距的影响. 中国社会科学，(5).

蔡昉，王德文，都阳. 2001. 劳动力市场扭曲对区域差距的影响. 中国社会科学，(2).

曹宇. 2010. 地区专业化对经济增长影响的实证研究——以长三角地区为例. 经济研究导刊，(15).

常亚青，宋来. 2006. 中国企业相对效率和全要素生产率研究——基于 37 个行业 5 年数据的实证分析. 数量经济技术经济研究，(11).

陈建军. 2002. 产业区域转移与东扩西进战略. 北京：中华书局.

陈建军，陈菁菁. 2011. 生产性服务业与制造业的协同定位研究——以浙江省 69 个城市和地区为例. 中国工业经济，(6).

陈建军，姚先国. 2003. 论上海和浙江的区域经济关系——一个关于"中心—边缘"理论和"极化—扩散"效应的实证研究. 中国工业经济研究，(5).

陈君，陈颖佳. 2011. 长江三角洲地区区域一体化趋势下产业结构与空间结构的演变. 市场论坛，(1).

陈良文，杨开忠. 2006. 地区专业化、产业集中与经济集聚——对我国制造业的实证分析. 经济地理，(S1).

陈咪. 2012. 武汉城市圈高技术产业集聚与经济增长关系研究. 西北农林科技大学学位论文.

陈雁云，秦川. 2012. 产业集聚与经济增长互动：解析 14 个城市群. 改革，(10).

陈勇，李小平. 2006. 中国工业行业的面板数据构造及资本深化评估：1985-2003. 数量经济技术经济研究，(10).

丁建军. 2010. 城市群经济、多城市群与区域协调发展. 经济地理，(12).

樊福卓. 2007. 地区专业化的度量. 经济研究，(9).

范剑勇. 2004a. 要素集聚与地区差距：来自中国的证据. 中国社会科学评论，(1).

范剑勇. 2004b. 市场一体化、地区专业化与产业集聚趋势——兼谈对地区差距的影响. 中国社会科学，(6).

范剑勇. 2006. 产业集聚与地区间劳动生产率差异. 经济研究，(11).

武汉城市圈制造业空间经济集聚的差距视角研究：

范剑勇. 2008. 产业集聚与中国地区差距研究. 上海：格致出版社，上海三联书店，上海人民出版社.

范剑勇，朱国林. 2002. 中国地区差距的演变及其结构分解. 管理世界，(7).

方创琳，蔺雪芹. 2008. 武汉城市群的空间整合与产业合理化组织. 地理研究，(2).

冯锋，王凯. 2007. 产业集群内知识转移的小世界网络模型分析. 科学学与科学技术管理，(7).

高凤莲，段会娟. 2010. 产业集聚与经济增长研究综述. 科技进步与对策，(24).

宫俊涛，孙林岩，李刚. 2008. 中国制造业省际全要素生产率变动分析——基于非参数 Malmquist 指数方法. 数量经济技术经济研究，(4).

顾乃华，等. 2006. 生产性服务业与制造业互动发展：文献综述. 经济学家，(6).

郭利平. 2005. 产业群落的空间演化模式研究. 华东师范大学学位论文.

郭利平，沈玉芳. 2003. 新经济地理学的进展与评价. 学术研究，(7).

郭志富，张竟竟. 2012. 基于中部地区崛起战略的河南省地域空间组织研究. 经济地理，(8).

何雄浪. 2007. 专业化产业集聚、要素流动与区域工业化——克鲁格曼中心外围模型新发展. 财经研究，(2).

何雄浪，李国平. 2006. 新经济地理学产业集群理论述评. 贵州社会科学，(1).

何雄浪，李国平. 2007. 专业化产业集聚、空间成本与区域工业化. 经济学（季刊），(4).

贺灿飞，谢秀珍. 2006. 中国制造业地理集中与省区专业化. 地理学报，(2).

贺灿飞，潘峰华. 2007. 产业地理集中、产业集聚与产业集群：测量与辨识. 地理科学进展，(2).

贺灿飞，朱晟君. 2008. 制造业地理集聚的区域差异研究——江苏和安徽对比研究. 地理科学，(6).

胡鞍钢. 1995. 中国地区发展不平衡问题研究. 财政研究，(10).

蒋媛媛. 2011. 中国地区专业化决定因素的实证研究：1993—2007. 产业经济研究，(2).

金春雨，程浩. 2015. 我国制造业空间集聚与制造业劳动生产率互动关系研究. 经济纵横，(3).

金春雨，程浩. 2015. 中国制造业劳动生产率增长来自全要素生产率变动还是要素积累效应——基于状态空间随机前沿面板模型的计量分析. 统计与信息论坛，(7).

金春雨，王伟强. 2015. 产业集聚、知识溢出与工业经济增长——基于空间面板模型的实证研究. 财经论丛，(1).

金春雨，王伟强. 2015. 我国高技术产业空间集聚及影响因素研究——基于省级面板数据的空间计量分析. 科学学与科学技术管理，(7).

金相郁. 2001. 空间收敛第一规律与空间收敛第二规律. 南开经济研究，(3).

金相郁，高雪莲. 2004. 中国城市聚集经济实证分析：以天津市为例. 城市发展研究，(1).

金煜，陈钊，陆铭. 2006. 中国的地区工业集聚：经济地理、新经济地理与经济政策. 经济研究，(4).

克鲁格曼. 2000. 地理与贸易. 张兆杰, 译. 北京: 北京大学出版社, 中国人民大学出版社.

克鲁格曼. 2000. 发展、地理学与经济理论. 蔡荣, 译. 北京: 北京大学出版社, 中国人民大学出版社.

赖平耀. 2003. 增长理论与发展经济学——关于在增长理论基础上重建发展经济学的若干思考. 世界经济与政治, (10).

雷德森. 2006. 产业集群成长、竞争与战略的新探索. 南方论丛, (3).

黎文飞, 郭惠武, 唐清泉. 2016. 产业集群、信息传递与并购价值创造. 财经研究, (01).

李丹, 胡小娟. 2008. 中国制造业企业相对效率和全要素生产率增长研究——基于1999-2005年行业数据的实证分析. 数量经济技术经济研究, (7).

李国平, 范红忠. 2003. 生产集中、人口分布于地区经济差距. 经济研究, (11).

李辉. 2007. 武汉城市圈区域一体化发展研究. 华中科技大学学位论文.

李惠娟. 2013. 中国城市服务业集聚测度——兼论服务业集聚与制造业集聚的关系. 经济问题探索, (4).

李慧巍. 2004. 产业集聚对环杭州湾区域制造业竞争优势的影响分析. 浙江大学学位论文.

李娟文, 姚华松. 2004. 全球化背景下武汉城市圈经济发展的思考. 世界地理研究, (4).

李萍, 马庆. 2014. 中国地区专业化水平的测度: 基于省际数据的研究. 四川大学学报(哲学社会科学版), (3).

李实. 2003. 中国个人收入分配研究回顾与展望. 经济学(季刊), (2).

李翔. 1998. 经济增长的收敛与区域经济发展的比较研究. 复旦大学博士学位论文.

李志宏. 2004. 新古典经济增长理论的局限性——基于面板数据的实证分析. 经济科学, (4).

李志宏. 2005. 从经济收敛假说看增长理论. 江淮论坛, (2).

梁进社, 孔健. 1998. 基尼系数和变差系数对区域不平性度量的差异, 北京师范大学学报(自然科学版), (3).

梁琦. 2003. 从空间集聚要素看距离的影响. 南开经济研究, (3).

梁琦. 2003. 中国工业的区位基尼系数——兼论外商直接投资对制造业集聚的影响. 统计研究, (9).

梁琦. 2004. 产业集聚论. 北京: 商务印书馆.

梁琦. 2004. 中国制造业分工、地方专业化及其国际比较. 世界经济, (12).

廖志明. 2007. 高新技术产业集群模式的实证研究——以长株潭城市群为例. 经济地理, (4).

林理升, 王晔倩. 2006. 运输成本、劳动力流动与制造业区域分布. 经济研究, (3).

林秀丽. 2007. 地区专业化、产业集聚与省区工业产业发展. 经济评论, (6).

林毅夫. 2002. 发展战略、自生能力和经济收敛. 经济学(季刊), (2).

林毅夫, 董先安, 殷韦. 2004. 技术选择、技术扩散与经济收敛. 财经问题研究, (6).

林毅夫, 刘明兴. 2003a. 中国队经济增长收敛与收入分配. 世界经济, (8).

林毅夫，刘培林. 2003b. 经济发展战略对劳均资本积累和技术进步的影响——基于中国经验的实证研究. 中国社会科学，(4).

林毅夫，刘培林. 2003c. 中国的经济发展战略与地区收入差距. 经济研究，(3).

林毅夫，蔡昉，李周. 1998. 中国经济转型时期的地区差距分析. 经济研究，(6).

刘长全. 2006. 集聚经济测度方法前沿综述. 统计研究，(3).

刘长全. 2007. 溢出效应、边界选择与产业集聚测度. 产业经济研究，(4).

刘春霞. 2006. 产业地理集中度测度方法研究. 经济地理，(5).

刘东林. 2009. 中国专业产业集聚度变化及其产业结构效应分析. 山东财政学院学报，(6).

刘恒江，陈继祥. 2005. 基于动力机制的我国产业集群发展研究. 经济地理，(5).

刘红丽，张欣，王夏洁. 2009. 高技术产业集群知识转移网络研究. 科技进步与对策，(19).

刘华，等. 2004. 人力资本与经济增长的实证分析. 华中科技大学学报（自然科学版），(7).

刘军，徐康宁. 2008. 中国制造业地区集聚的决定因素也就. 科学学与科学技术管理，(10).

刘柳. 2009. 高技术产业集聚拉动湖北经济增长研究. 武汉理工大学学位论文.

刘木平，舒元. 2000. 我国地区经济的收敛与增长决定力量：1978-1997. 中山大学学报（社会科学版），(5).

刘乃全. 2000. 区域收敛与发散理论. 外国经济管理，(11).

刘强. 2001. 中国经济增长的收敛性分析. 经济研究，(6).

刘伟，李绍荣. 2005. 转轨中的经济增长与经济结构. 北京：中国发展出版社.

刘夏明，魏英琪，李国平. 2004. 收敛还是发散——中国区域经济发展争论的文献综述. 经济研究，(7).

刘小玄，曲玥. 2008. 中国工业企业的工资差异研究——检验市场分割对工资收入差距的影响效果. 世界经济文汇，(5).

刘修岩. 2009. 产业集聚与经济增长：一个文献综述. 产业经济研究，(3).

刘修岩，贺小海. 2007. 市场潜能、人口密度与非农劳动生产率. 南方经济，(11).

刘修岩，殷醒民. 2008. 空间外部性与地区工资差异：基于动态面板数据的实证研究. 经济学（季刊），(1).

刘修岩，贺小海，殷醒民. 2007. 市场潜能与地区工资差距：基于中国地级面板数据的实证研究. 管理世界，(9).

卢荻. 2003. 外国投资与中国经济发展. 经济研究，(9).

陆铭，陈钊. 2004. 城市化、城市倾向的经济政策与城乡收入差距. 经济研究，(6).

陆铭，陈钊，严冀. 2004. 收益递增、发展战略与区域经济的分割. 经济研究，(1).

陆文喜，李国平. 2004. 中国区域金融发展的收敛性分析. 数量经济技术经济研究，(2).

路江涌，陶志刚. 2007. 我国制造业区域集聚程度决定因素的研究. 经济学（季刊），(4).

罗仁福，李小建，覃成林. 2002. 中国省际经济趋同的定量分析. 地理科学进展，(1).

罗勇，曹丽莉. 2005. 中国制造业集聚程度变动趋势的实证研究. 经济研究，(8).

马国霞，石敏俊，李娜. 2007. 中国制造业产业间集聚度及产业间集聚机制. 管理世界，(7).

马九杰. 2001. 农业、农村产业结构调整与农民收入差距变化. 改革，(6).

马小朋. 2005. 中国经济增长的收敛性分析. 上海经济研究, (3).

马歇尔. 2004. 经济学原理. 北京：华夏出版社.

麦挺. 2003. 从要素产出贡献度谈上海与长江三角洲共同发展. 上海经济研究, (7).

毛宽, 曾刚. 2008. 全球价值链下内生型集群知识溢出网络构建——基于关键性企业的视角. 工业技术经济, (5).

孟健军. 2001. 中国地区经济的趋同——横断面以及时间序列分析的统计检验. 中国国情分析报告, (83).

苗长青. 2007. 中国地区专业化与经济增长关系的实证研究——基于工业两位数数据上的分析. 产业经济研究, (6).

牛晓莉. 2013. 武汉城市圈城镇体系空间结构状况研究. 华中农业大学学位论文.

齐颖超. 2008. 四川省制造业产业集聚与经济增长关系研究. 西南交通大学学位论文.

乔彬, 李国平, 杨妮妮. 2007. 产业集聚测度方法的演变和新发展. 数量经济与技术经济研究, (4).

邱风, 张国平, 郑恒. 2005. 对长三角地区产业结构问题的再认识. 中国工业经济, (4).

任方才, 程学斌. 1996. 从城镇居民收入看分配差距. 经济研究参考, (157).

沈正平, 刘海军, 蒋涛. 2004. 产业集群和区域经济发展探究. 中国软科学, (2).

苏良军, 王芸. 2007. 中国经济增长空间相关性研究——基于"长三角"与"珠三角"的实证. 数量经济技术经济研究, (12).

苏雪串. 2004. 城市化进程中的要素集聚、产业集群和城市群发展. 中央财经大学学报, (1).

孙峻岭, 林炳耀, 孙琳琳. 2012. 新亚欧大陆桥东端城市群空间结构规划构想. 地理研究, (5).

孙林岩. 2009. 中国制造业发展战略管理研究. 北京：清华大学出版社.

谭成文. 2002. 基于人口移动和知识溢出的经济增长与集聚研究. 北京大学学位论文.

唐根年, 沈沁, 管志伟, 等. 2010. 中国东南沿海制造业集聚过度及其生产要素拥挤实证研究. 经济地理, (2).

万广华. 1998. 中国农村区域间居民收入差异变化的实证分析. 经济研究, (5).

王缉慈. 2001. 创新的空间——企业集群与区域发展. 北京：北京大学出版社.

王缉慈. 2004. 关于发展创新型产业集群的政策建议. 经济地理, (4).

王小鲁, 樊纲. 2004. 中国地区差距的变动趋势和影响因素. 经济研究, (1).

王晓文, 王强, 伍世代, 等. 2011. 海峡西岸经济区城镇体系空间结构特征研究. 地理科学, (3).

王业强, 魏后凯. 2007. 产业特征、空间竞争与制造业集中——来自中国的经验证据. 管理世界, (4).

王永刚. 2008. 中国城市群经济规模效应研究. 辽宁大学学位论文.

韦伯. 1997. 工业区位论. 北京：商务印书馆.

魏后凯. 1997. 中国地区经济增长及其收敛性. 中国工业经济, (3).

魏后凯. 2002. 中国制造业市场结构分析. 管理世界, (4).

文玫. 2004. 中国工业在区域上的重新定位于集聚. 经济研究, (2).

武汉城市圈空间经济差距研究：基于制造业集聚的视角

翁媛媛，高汝熹，饶文军. 2009. 地区专业化与产业地理集中的比较研究. 经济与管理研究，(4).

吴安波. 2009. 中国制造业区域专业化程度的测度、特征及变动趋势. 数量经济技术经济研究，(5).

吴德进. 2004. 产业集群的组织性质：属性与内涵. 中国工业经济，(7).

吴洁，刘思峰，施琴芬. 2007. 基于产业集群的知识创新体系与知识转移研究. 企业经济，(3).

吴学花，杨蕙馨. 2004. 中国制造业产业集聚的实证研究. 中国工业经济，(10).

夏卫红. 2009. 武汉城市圈产业一体化的机制创新. 华中师范大学学位论文.

向琳. 2008. 产业二次转移——推动武汉城市圈产业融合的战略选择. 理论月刊，(12).

向云，苏华，余斌，等. 2010. 武汉城市圈城乡一体化水平综合评价研究. 华中师范大学学报（自然科学版），(3).

肖红叶. 2004. 中国区域竞争力发展报告. 北京：中国统计出版社.

谢健. 2003. 经济结构的变动与区域经济的差异分析. 中国工业经济，(11).

谢品，李良智，赵立昌. 2013. 江西省制造业产业集聚、地区专业化与经济增长实证研究. 经济地理，(6).

谢燮，杨开忠. 2004. 新经济地理学诞生的理论基石. 当代经济科学，(4).

谢雄军，何红渠. 2014. 基于空间面板计量的产业集聚与省域经济增长关系研究. 财经理论与实践，(2).

徐现祥，李郇. 2004. 中国城市经济增长的趋同分析. 经济研究，(5).

颜鹏飞，王兵. 2004. 技术效率、技术进步与生产率增长：基于 DEA 的实证分析. 经济研究，(12).

杨宝良. 2003. 外部经济与产业集聚：一个基本理论逻辑及对我国工业经济的初评研究. 世界经济文汇，(6).

杨洪焦，钱彦文，孙林岩. 2006. 产业集群理论研究述评. 经济问题探索，(3).

杨洪焦，孙林岩，高杰. 2008a. 中国制造业集聚度的演进态势及其特征分析：基于1988—2005 年的实证研究. 数量经济与技术经济研究，(5).

杨洪焦，孙林岩，宫俊涛. 2008b. 阻碍产业集群创新优势发挥的因素分析及其对策研究. 科技进步与对策，(9).

杨洪焦，孙林岩，吴安波. 2008c. 中国制造业聚集度的变动趋势及其影响因素研究. 中国工业经济，(4).

杨梦楠. 2013. 城市群的空间效应——以武汉城市圈为例. 华中师范大学学位论文.

杨小凯. 1998. 经济学原理. 北京：中国社会科学出版社.

杨孝伟. 2006. 对武汉城市圈产业集群合理化问题的探究. 统计与决策，(5).

姚洋，章奇. 2001. 中国工业企业技术效率分析. 经济研究，(10).

殷德生，唐海燕. 2007. 中国制造业集聚的决定因素与变动趋势——基于三大经济圈的实证研究. 世界经济研究，(12).

殷绛，成艾华. 2007. 武汉城市圈经济联系强度的动态分析. 统计与决策，（8）.

于斌斌，胡汉辉. 2014. 产业集群与城市化共生演化的机制与路径——基于制造业与服务业互动关系的视角. 科学学与科学技术管理，（3）.

余斌，李星民，曾菊新. 2007a. 武汉城市圈产业发展的空间优化. 长江流域资源与环境，（5）.

余斌，李星明，曾菊新，等. 2007b. 武汉城市圈创新体系的空间分析——基于区域规划的视角. 地域研究与开发，（1）.

余素洁. 2009. 产业集群与城市化. 北方经贸，（9）.

俞斌，冯娟，曾菊新. 2007. 产业集群网络与武汉城市圈产业发展的空间组织. 经济地理，（3）.

袁志刚，范剑勇. 2003. 1978 年以来中国工业化进程及其地区差异分析. 管理世界，（7）.

苑卫卫. 2014. 产业集群与城镇化互动机理分析. 统计与管理，（4）.

臧旭恒，等. 2004. 产业经济学. 北京：经济科学出版社.

臧旭恒，何青松. 2007. 试论产业集群租金与产业集群演进. 中国工业经济，（3）.

曾光. 2009a. 武汉城市圈城镇居民人均可支配收入差距检验. 统计与决策，（12）.

曾光. 2009b. 武汉城市圈农民人均年纯收入差距研究. 湖北经济学院学报，（4）.

曾光. 2010. 长三角城市经济增长的收敛性研究. 北京：科学出版社.

曾光，周伟林. 2005. 产业集聚理论及进展. 江淮论坛，（6）.

曾光，罗建兵. 2008. 关于武汉城市圈地缘经济关系的测度. 统计与决策，（21）.

曾光，李菲. 2010a. 武汉城市圈制造业行业专业化的实证分析. 统计与决策，（14）.

曾光，李菲. 2010b. 武汉城市圈经济增长差距的实证分析. 长江流域资源与环境，（10）.

曾光，李菲. 2010c. 武汉城市圈制造业集聚的实证分析. 长江流域资源与环境，（11）.

曾光，李菲. 2010d. 武汉城市圈制造业地区专业化研究. 湖北职业技术学院学报，（4）.

张丹，李娟文. 2007. 武汉城市圈产业结构优化研究. 湖北大学学报（自然科学版），（4）.

张卉，詹宇波，周凯. 2007. 集聚、多样性和地区经济增长：来自中国制造业的实证研究. 世界经济文汇，（3）.

张吉鹏. 2004. 新经济地理学与中国地理集聚——兼评杨宝良的《外部经济与产业地理集聚》. 世界经济文汇，（3）.

张吉鹏，吴桂英. 2004. 中国地区差距：度量与成因. 世界经济文汇，（4）.

张静，黎末羊. 2014. 基于产业集群理论的区域品牌形成与发展实证分析. 商场现代化.（19）.

张军，施少华，陈诗一. 2003. 中国的工业改革与效率变化——方法、数据、文献和现有的结果. 经济学（季刊），（10）.

张文彬，黄佳金. 2007. 1988～2003 年中国制造业地理集中的时空演变特点. 经济评论，（1）.

张小梅. 2011. 基于产业集群生命周期的知识创新模型研究. 知识经济，（13）.

张妍云. 2005. 我国的工业集聚及其效应分析——基于各省工业数据的实证研究. 技术经济与管理研究，（4）.

张云飞. 2014. 城市群内产业集聚与经济增长关系的实证研究——基于面板数据的分析.

经济地理，（1）．

张占仓．2006．中国产业集群研究及进展．地域研究及开发，（5）．

章元，刘修岩．2008．聚集经济与经济增长：来自中国的经验证据．世界经济，（3）．

赵娟．2006．广东和浙江制造业产业集聚状况及其影响因素的比较研究．暨南大学学位论文．

赵凯．2012．武汉城市圈高技术产业集聚与经济增长关系研究．西北农林科技大学学位论文．

赵立新．2008．"两型社会"的发展逻辑与制度路径——以武汉城市圈"两型社会"建设为分析对象．江汉大学学报（社会科学版），（3）．

赵人伟，李实．1999．中国居民收入差距的原因分析．会计之友，（12）．

赵祥．2009．我国省区产业集聚：类型特征与形成机制．产业经济评论，（3）．

郑伯红，朱政．2011．武汉城市圈空间结构演化及影响研究．长江流域资源与环境，（12）．

中共武汉市委党校课题组．2005．武汉城市圈与长三角、珠三角、京津冀比较研究（上）．长江论坛，（5）．

朱华友．2005．新经济地理学经济活动空间集聚的机制过程及其意义．经济地理，（6）．

朱丽萌．2010．鄱阳湖生态经济区大南昌城市群与产业集群空间耦合构想．江西财经大学学报，（5）．

邹平．1996．我国各地区社会发展差距比较研究及对策．经济研究参考，ZD．

Abdel-Rahman H M, Fujita M. 1990. Product variety, marshallian externlities and city size. Journal of Regional Science, (30).

Abramovitz M. 1986. Catching up, forging ahead, and falling behind. The Journal of Economic History, 46 (2).

Ades A F, Glaeser E L. 1995. Trade and circuses: explaining urban giants. Quarterly Journal of Economics, 110 .

Ahluwalia M S. 1976, Inequality, poverty and development. Journal of Development Economics, (3).

Alvarez J, Arellona M. 1998. The timer series and cross-section asymptics of dynamic panel data estimators. CEMFI Working Paper, No. 9808.

Amiti M. 2001. Regional specialization and technological leapfrogging. Journal of Regional Science, 41 (1).

Arellano M O B. 1995. Another look at the instrumental variable estimation of error-compnents models. Journal of Econometrics, (68).

Arellano M S B. 1991. Some tests of specification for panel data: monte carlo evidence and an application to employment equations. Review of Economic Studies, (58).

Arrow K J. 1962. The economic implications of learning by doing. Review of Economic Studies, 29.

Arthue J. 2001. External Trade in Developing Economies. NBER, Working Paper, (11).

Arthur W. Brian. 1990. Positive feedbacks in the economy. Scientific American, 262 .

Baldwin R E. 1999. Agglomeration and endogenous capital. European Economic Review, 43 (2).

Baldwin R E, Forslid R. 2000. The core—periphery model and endogenous growth: stabilizing and destabilizing integration. Economica, 67.

Baldwin R. 2001. Core- periphery model with forward- looking expectations. Regional Science and Urban Economics, 31 (1).

Banker R D, Charnes A, Cooper W W. 1984. Some models for estimating technical and scale inefficiencies in data envelopment analysis. Management Science, 30.

BarroR J . 1999. Economic Growth in a Cross Section of Countries. NBER Working Paper, No 3210, Cambridge.

Barro R J, Sala- I- Martin X. 1991. Convergence across States and Regions. Brooking Paper Economic Activity, 1.

Barro R J, Sala-I-Martin X. 1992. Convergence. Journal of Political Economy, 100.

Barro R J, Sala-I-Martin Xavier. 1995. Economic Growth, McGraw-Hill.

Barro R J, Sala-I-Martin Xavier. 1997. Technological diffusion, convergence, and growth. Journal of Economic Growth, 2.

Barro R J, et al. 2002. Religion and political economy in an international panel. NBER Working paper.

Baumol W J. 1986. Productivity growth, convergence, and welfare: What the long- run data show. American Economic Review, 76.

Baumol W J. 1990. The problem of development: Introduction. Journal of Political Economy, 98.

Ben- David Dan. 1997. Convergence clubs and sunsistence economics. Journal of Developmental Economics, 55.

Bernard A, Jones C. 1996. Technology and convergence. The Economic Journal, 106.

Bernard A, DurLawf S. 1995. Convergence in international output. Journal of Applied Econometrics, 10 (2).

Brackman S, Garretsen H, Schramm M. 2004. New economic geography in Germany: Testing the helpman- hanson model. Journal of Regional Science, (44).

Brulhart M. 2001. Evolving geographical concentration of European manufacturing industries. Review of World Economics, 137 (2).

Carlton D W. 1983. The location and employment choices of new firms: an econometric model with discrete and continuous endogenous variables. The Review of Economics and Statistics, 65 (3).

Caselli F, Esquivel G, Lefort F. 1996. Reopening the convergengce debate: a new look at cross country empirics. Journal of Economic Growth, September .

Caves D W, Christensen L R, Diewert W E. 1982, The economic theory of index numbers and the measurement of input, output, and productivity. Econometrica, 50.

Charnes A, Cooper W W, Rhodes E. 1978. Measuring the efficiency of decision making units. European Journal of Operational Research, (2).

Chen J, Fleisher B. 1996. Regional income inequality and economic growth in China. Journal of Comparative Economics, 22 (2).

Chenery H B, Syrquin M. 1975. Pattern of Development. New York: Oxford University Press.

Ciccone A. 2002. Agglomeration effects in Eurpoe. European Economic Review, 46 (2).

Ciccone A, Hall R E. 1996. Productivity and the density of economic activity. American Economic Review, 86 (1).

Cingana F, Schivardi F. 2004. Identifying the sources of local productivity growth. Journal of the European Economic Association, 2 (4).

Davis R L. 1972. Structural model of retail distribution: analogies with settlement and urban land - use theories . Transactions of the Institute of British Geographers, 57.

de Lucio J J. 2002. The effects of externalities on productivity growth in Spanish industry. Regional Science and Urban Economics, 32 (2).

Deardorff A V. 2001. Rich and poor countries in neocladdical trad and growth. The Economic Journal, 111.

Dekle R, Eaton J. 1999. Agglomeration and land rents: evidence from the prefectures. Journal of Urban Economics, 46 (2).

Delong J B. 1988. Productivity growth, convergence, and welfare: Comnent. The American Economic Review, 78.

Devereux M P, et al . 2004. The geographic distribution of production activity in the UK. Regional Science and Urban Economics, 34 (5).

Dixit A K, Stiglitz J. 1977. Monopolistic competition and optimum product diversity. American Economic Review, (67).

Dowrick S, Rogers M. 2002. Classical and Techmological Convergence: Beyond the Solow- Swan Growth Model. Oxford Economic Papers, 4.

Dumais G, Ellison G, Glaeser E. 2002 . Geographic concentration as a dynamic process. Review of Economics and Statistics, (84).

Duranton G, Overman H G. 2005. Testing for localization using micro-geographic data . Review of Economic Studies, October.

Duraton G, Puga D. 2001. Nursery cities: urban diversity, process innovation, and the life cycle of products. American Economic Review, 91 (5).

Durlauf S, Quah D. 2000. The new empirics of economic growth. Handbook of Macroeconomics.

Ellison G, Glaeser E L. 1997. Geographic concentration in U. S. manufacturing industries: a dartboard approach. Journal of Political Economy, 105 (5).

Farrell M J. 1957 The measurement of productive efficiency. Journal of the Royal Statistical Society, Series A. 120.

Feenstra R, Hanson G. 2001. Global Production Sharing and Rising Inequality: A Survey of Trade and Wages. NBER Working Paper.

参
考
文
献

Fogarty M S, Garofalo G A. 1988. Urban spatial structure and productivity growth in the manufacturing sector of cities. Journal of Urban Economics, 23.

Forslid R G. 2003. Ottaviano. An analytically solvable core- periphery model. Journal of Economic Geography, 3 (3).

Fujita M A. 1998. Monopolistic competition model of spatial agglomeration: A differentiated products approach. Regional Science and Urban Economics, (18).

Fujita M, Thisse J F. 2002. Economics of agglomeration; cities, industrial location and regional growth. Cambridge University Press.

Galor O. 1996. Convergence? Inferences from theoretical models. The Economic Journal, 106.

Galor O, Weil D N. 1993. The Gender Gap, Fertility, and Growth, NBER Working Paper, no 4550, November.

Geppert M, Williams K. 2006. Global, national and local practices in multinational corporations: towards a sociopolitical framework. The International Journal of Human Resource Management, 17 (1) .

Glaeser E L, Kallal H D, Scheinkman J A. 1992. Growth in Cities. Journal of Political Economy, 100.

Gopinath M, Pick D, Li Y. 2004. An empirical analysis of productivity growth and industrial concentration in us manufacturing. Applied Economics, 36 (1).

Grossman G M M, Helpman E. 1991. Innovation and Growth in the Global Economy. Cambridge MA: MIT Press.

Hanson G H. 2001 Scale economies and the geographic concentration of industry. Journal of Economic Geograpy, 1 (3).

Harrison J . 2007. From competitive regions to competitive city - regions: A new orthodoxy, but some old mistakes. Journal of Economic Geography, 7 (3).

Henderson J V A, Kuncoro, M Turner. 1995. Industrial development in cities. Journal of Political Economy, 103.

Henderson J V. 1986. Efficiency of resource usage and city size. Journal of Urban Economics, (19).

Henderson J V. 1988. Urban Development Theory, Fact, and Illusion. Oxford: Oxford University Press.

Hill E W, Brennan J F. 2000. A methodology for identifying the drivers of industrial clusters: The foundation of regional competitive advantage. Economic Development Quarterly, 14 (1).

Hoover E M. 1936. The measurement of industrial localization. Review of Economics and Statistics, 18 (4).

Hsiao F S T. 2005 . Korean and taiwanese productivity performance: Comparisons at matched manufacturing levels. Journal of Productivity Analysis, (23).

Johson P A, Takeyama L N . 2002. , Absolute, Conditional, or Club Convergence in the U. S. States? Working Paper.

Jones C I. 1995. Times series tests of endogeous growth models. Quarterly Journal of Economics, May.

Jones C. 1997. On the evolution of the world income distribution. Journal of Economic Perspectives, 11 (3).

Kanbur R, Zhang X. 2005. Tifty years of regional inequality in China: a journey throrgh central planning, reform, and openness. Review of Development Economics, 9 (1).

Kevin Lee M . 1997. Hashem pesaran and ron smith, growth and convergence in a multi- country empirical stochastic solow model. Journal of Applied Econometrics, 12.

Kim S. 1995. Expansion of markets and the geographic distribution of economic activities: The trends in us regional manufacturing structure, 1860 —1987. Quarterly Journal of Economics, (110).

King R G, Rebelo S. 1993. Transitional dynamics and economic growth in the neoclassical model. American Economic Review, 9.

Krugman P. 1979. A model of innovation, technology transfer, and the world distribution of income. Journal of Political Economy, 87.

Krugman P. 1991a. Geography and Trade. Cambridge: Massachusetts, MIT Press.

Krugman P. 1991b. Increasing returns and economic geography. Journal of Political Economy, 99 (3).

Krugman P. 1996. The Self-Organizing Economy. Cambridge MA: Blackwell.

Kumar S, Russell R. 2002. Technological change, technological catch-up and capital deepenning: Relative contributions to growth and convergence. The American Economic Review, 92.

Kuznets. 1955. Economic growth and income inequality. American Economic Review, 45.

Lucas R. 1988. On the mechanics of economics development. Journal of Monetary Economics, 22.

Lucas R. 1988. Why dose not Capital Flow From Rich to Poor Countries. American Economic Review, 3.

Lucas R. 2002. Life Earnings and Rural- Urban Migration Working Paper. http: //home. uchicago. edu/ ~ sogrodow/home page/life. -earnings, pdf.

Luntian J, Sachs J, Warner A. 1996. Trends in regional inequality in China. China Economic Review, 7 (1).

Mankiw N G, Romer D, Weil D. 1992. A Contribution to the Empirics of Economic Growth. Quarterly Journal of Economics, 107.

Marshall A. 1920. Principles of Economics. London: Macmillan.

Maurel F, Sedillot. 1999. A Measure of the Geographic Concentration in French Manufacturing Industries. Regional Science and Urban Economics, 29 (5).

Mauro L, Godrecca E. 1994. The case of Italian regions: convergence or dualism. Economic Notes, 23 (3).

Mauro P. 1993. Corruption, Country Risk and Growth. Unpublished paper, Harvard University, No-

参考文献

151

vember.

Mitra A, Sato H. 2007. Agglomeration economies in Japan: technical efficiency, growth and unemployment. Review of Urban & Regional Development Studies, 19 (3).

Moomaw R L. 1981. Is population scale a worthless surrogate for business agglomeration economies? Regional Science and Urban Economics, 13.

Mulligan C B, Sala-I-Martin X. 1993. Transitional dynamics in two-sector models of endogenous growth. Quarterly Journal of Economics.

Nakamura R. 1985. Agglomeration economies in urban manufacturing industries: a case of Japanese cities. Journal of Urban Economics, 17.

Naughton B. 2000. How much can regional integration do to unify China's markets ? Working paper, Ref .

Ohlin B. 1933. Interregional and International Trade. Cambridge: Harvard University Press .

Ottaviano G I P, Martin P. 2001. Growth and agglomeration. International economic review, 42 (4).

Ottaviano G, Tabuchi T, Thisse J F. 2002. Agglomeration and trade revisited. International Economic Review, 43 (2).

Parr J B. 2005 . Perspectives on the city - region . Regional Studies, 39 .

Paukert F. 1973. Income Distribution at Different Levels of Development: A Survey of Evidence. International Labour Review, August-September.

Pedron P, Yao J Y. 2002. Are China's Post-reform Provincial Income Levels Diverging? IMF Working Paper.

Porter M E. 1999. Competitive Strategy. New York: The Free Press.

Quah D. . Empirics for growth and distribution: Polarization, stratification, and convergence clubs. Journal of Economic Growth, 2.

Raco M. 1999. Competition, collaboration and the new industrial districts: Examining the institutional turn in local economic development. Urban Studies, 36.

Ramsey E. 1928. A mathematical theory of saving. Economics of Journal, 38.

Rebelo S. 1991. Long-run policy analysis and long-run growth. Journal of Politics Economics, 99.

Robinson. 1976. A note on the U hypothesis relating income inequality and ecomomic development. American Economic Review, 66.

Romer P M. 1986. Increasing returns and long-run growth. Journal of Political Economy, 94.

Romer P M. 1990. Endogenous technological change. Journal of Political Economy.

Romer P M. 1994. The Origins of Endogenous Growth, Journal of Economic Perpectives, Winter.

Rosenthal S S, Strange W C. 2003. Evidence on the Nature and Sources of Agglomeration Economies. Handbook of Regional and Urban Economics, Volume IV: Cities and Geography, North - Holland Publishing Company.

Rosenthal S S, Strange W C. 2001. The determinants of agglomeration. Journal of Urban

武汉城市圈空间经济差距研究：基于制造业集聚的视角

Economics, (50).

Samuelson P. 1954. The transfer problem and transport costs II: Analysis of effects of trade imped-
iments. Economic Journal, 64 (254).

Saxenian A. 1994. Regional Advantage: Culture and Competition in Silicon Valley and Route128.
Cambridge, MA: Harvard University.

Sbergami F. 2002. Agglomeration and economic growth: some puzzles. HEI working paper.

Schmalensee R. 1977. Using the H-Index of concentration with published data. The Review of
Economics and Statistics, 59 (2).

Scott A . 2001 . Global City - Regions: Trends, Theory, Policy. Oxford: Oxford University Press .

Segal D. 1976. Are there returns to scale in city size? Review of Economics and Statistics, 58.

Shefer D. 1973. Localization economies in SMSA's: a production function analusis. Journal of
Regional Science, 13 (1).

Stigler G J. 1951. The division of labor is limited by the extent of the market. Journal of Political
Economy, 59 (3).

Surender K. 2006. A decomposition of total productivity growth: a regional analysis of indian
industrial manufacturing growth. International Journal of Productivity and Performance
Management, 55 (3).

Sveikauskas L. 1975. The Productivity of Cities. Quarterly Journal of Economics, 89.

Tabuchi T. 1986. Urban agglomeration, capital augmenting technology, and labor market
equilibrium. Journal of Urban Economics, 20.

Venables A. 1996. Equilibrium locations of vertically linked industries. International Economic
Review, 37 (2).

William C. 1975. Distribution and development: A survey of the literature. Journal of Development
Economics.

Yang X. 2001. Economics: New Classical Versus Neoclassical Frameworks. Blackwell Publishers.

Young A. 1928. Increasing returns and economic progress. Economic Journal, (38).

Young A. 2000. The razor's edge : distortions and incremental reform in The People's Republic of
China. Quarterly Journal of Economics, (115).

参考文献

索 引